한 번만 읽으면 확 잡히는
중학 국어 문학

한 번만 읽으면 확 잡히는

중학 국어 문학

정형근 지음

한ㄹ

"새로운 인생은 방향을 찾으면서 시작된다."

사하라 사막에 살면서 단 한 번도 사막을 벗어나지 못했던 마을 원주민들에게 사막을 벗어나는 방법을 알려주었던 '레빈'이라는 청년의 동상 아래에 새겨진 글귀입니다. 원주민들은 왜 사막을 벗어날 생각을 하지 못했던 것일까요? 사실 많은 원주민들이 사막을 벗어날 시도를 해보았다고 합니다. 하지만 그들은 결국 다시 마을로 돌아왔다고 해요. 왜 그랬을까요?

사막을 벗어나 보기로 결심했던 원주민들은 최선을 다해 나아갔지만 비슷해 보이는 모래 언덕을 맴돌기만 하다가 결국 자신이 출발한 곳으로 되돌아왔다고 합니다. 그들이 출발했던 자리로 돌아올 수밖에 없었던 이유는, 자신들이 나아가는 방향을 가늠하지 못했기 때문입니다. 나무도, 풀도, 건물도 없는 사막에서 그들은 자기 위치를 판단할 수 없어 나아갈 방향을 잃고 같은 곳을 뱅글뱅글 맴돌았을 것입니다. 만약 그들이 북쪽을 가리키는 북극성의 존재를 알고 그 별을 좌표 삼아 한 방향으로 나아갔다면 사막을 벗어났을 것입니다.

이처럼 가보지 않은 길을 갈 때는 길이 어느 방향으로 이어지고 있는지를 판단하면서 나아갈 때 비로소 원하는 목적지에 도달할 수 있습니다. 공부도

마찬가지라고 생각합니다. 쉬지 않고 열심히 나아갔지만 결국 떠났던 자리로 되돌아온 원주민처럼, 쉬지 않고 열심히 공부해도 목표와 방향이 정확하지 않으면 결국 시작했던 자리에서 맴돌게 될 것입니다.

원주민들이 몰랐던 것은 사막을 벗어나는 '방법'이었습니다. 누구나 공부를 잘하고 싶을 것입니다. 할 수 있습니다. 그러기 위해서는 열심히 공부하기 전에, 공부하는 방법을 알 필요가 있습니다.

이 책은 여러분이 중학교 과정에서 배우는 '문학'을 공부하는 방법을 알려 줍니다. 이 책은 '문학'이 도대체 무엇이며, 어떻게 공부하면 좋을지 고민하는 친구를 위해 쓰였습니다. 또 문학 작품을 어떻게 감상하고 표현하면 되는지 궁금한 친구를 위해 쓰였습니다. 이 책에는 2015 개정 교육과정뿐 아니라 2025년부터 적용되는 2022 개정 교육과정을 반영하였습니다.

이 책을 통해 문학의 개념, 갈래, 감상과 표현 방법, 문학의 역할 등을 배울 것입니다. 여러분이 중학교를 졸업하고 고등학교에 진학하여 국어를 배울 때도 도움이 되기를 바라는 마음도 담았습니다.

문학은 인간의 삶에 대한 심미적 인식을 언어로 표현한 예술입니다. 문학에 대한 이해는 곧 다른 사람에 대한 이해를 바탕으로 자신을 이해하는 것입니다. 학습을 떠나 문학 작품을 감상하고 표현하는 활동은 여러분이 삶을 성찰하고, 한 뼘 더 성장하도록 도울 것입니다.

청년 레빈에게 사하라 사막을 건너는 방법을 배운 원주민이 북극성을 좌표 삼아 사막을 벗어났듯이, 여러분도 이 책을 좌표로 삼아 문학의 이해라는 목표까지 길을 잃지 않고 한 걸음씩 나아갈 수 있기를 소망합니다.

정형근 씀

CONTENTS

Part 3. **문학 작품의 수용과 생산**

Part 4. **타자의 이해와 문학적 성찰**

2015 개정 교육과정 성취기준·평가기준 – 중학교 국어 문학 영역

중학교 과정의 문학 영역에서는 다음과 같은 내용을 공부합니다. 2015 교육과정·2022 교육과정(2025년부터 적용)

교육과정 성취기준	핵심 키워드
[9국05-03] 갈등의 진행과 해결 과정에 유의하며 작품을 감상한다.	갈등의 진행 갈등의 해결 과정
[9국05-02] 비유와 상징의 표현 효과를 바탕으로 작품을 수용하고 생산한다.	비유, 상징 표현 효과
[9국05-10] 인간의 성장을 다룬 작품을 읽으며 삶을 성찰하는 태도를 지닌다.	인간의 성장 성찰
[9국05-04] 작품에서 보는 이나 말하는 이의 관점에 주목하여 작품을 수용한다.	보는 이 말하는 이
[9국05-08] 재구성된 작품을 원작과 비교하고 변화 양상을 파악하며 감상한다.	재구성된 작품 원작 비교와 변화 양상
[9국05-09] 자신의 가치 있는 경험을 개성적인 발상과 표현으로 형상화한다.	반어, 역설, 운율, 풍자 개성적인 발상과 표현
[9국05-05] 작품이 창작된 사회·문화적 배경을 바탕으로 작품을 이해한다.	사회적 배경 문화적 배경 역사적 배경
[9국05-06] 과거의 삶이 반영된 작품을 오늘날의 삶에 비추어 감상한다.	과거의 삶 오늘날의 삶 성찰
[9국05-07] 근거의 차이에 따른 다양한 해석을 비교하며 작품을 감상한다.	근거의 차이 다양한 해석
[9국05-01] 문학은 심미적 체험을 바탕으로 한 다양한 소통 활동임을 알고 문학 활동을 한다.	심미적 체험
	소통

평가 내용	배울 학년	이 책의 어디에?
서사적, 극적 갈등의 진행과 해결에 대한 이해를 바탕으로 자신의 삶을 성찰하며 작품을 감상할 수 있다.	1학년	Part. 3
여러 갈래의 작품에서 비유와 상징의 표현 효과를 주체적으로 수용하고 이를 활용하여 자신의 생각이나 느낌을 창의적으로 표현할 수 있다.	1학년	Part. 3
인간의 성장을 다룬 작품을 매개로 자신의 삶을 성찰하며 이를 주변 사람들과 소통하는 태도를 지닌다.	1학년	Part. 4
작품에서 보는 이나 말하는 이의 관점이 작품의 의미와 분위기 형성에 미친 효과에 유의하며 작품을 감상할 수 있다.	2학년	Part. 3
원작을 재구성한 작가의 의도를 고려하여 재구성된 작품과 원작의 차이점을 파악하고 작품을 감상할 수 있다.	2학년	Part. 3
자신의 삶에서 발견한 가치 있는 경험을 반어, 역설, 운율, 풍자의 효과에 대한 이해를 바탕으로 창의적이고 개성적인 방식으로 주변 사람과 소통할 수 있다.	2학년	Part. 3
작품이 창작된 사회·문화적 배경을 파악하고, 이것이 작품 전체의 의미나 주제를 형성하는 데 어떤 관련이 있는지를 이해하며 작품을 이해할 수 있다.	3학년	Part. 3
과거를 배경으로 한 작품에 나타난 시대적 배경과 인물의 삶을 오늘날의 삶에 비추어 이해하고 자신의 삶을 성찰하며 작품을 감상할 수 있다.	3학년	Part. 3
다양한 해석과 그 근거에 대한 비판적 입장을 견지하면서 주체적으로 작품을 감상할 수 있다.	3학년	Part. 3
문학 작품이 지니는 심미적 체험의 가치와 소통 활동으로서의 의의를 깊이 있게 알고 적극적으로 문학 활동을 할 수 있다.	3학년	Part. 1
		Part. 4

Part 1. 문학이란

1. 심미적 인식이 형상화된 언어 예술이에요

2. 세계를 깊이 있게 이해하고 삶의 의미에 대해
   통찰해요

회장

얘들아, 이번 발표회 때 '멋진 우리 학교'를
주제로 참여하려고 했잖아. 어떻게 해야
우리 반의 활동을 잘 알릴 수 있을까?

1 **학생 1**

봄이니까, 우리 학교의 봄 풍경을
사진으로 찍어서 표현하면 어떨까?

2 **학생 2**

무난하기는 한데 너무 익숙한 방식이
아닐까?

그렇긴 해. 작년에 3학년 어떤 반에서
이미 사진으로 찍어서 표현했잖아. 비교될
것 같아. 그만큼 잘 찍을 자신도 없고
말이야.

회장

그럼 사진은 일단 보류하고, 다른 아이디어
없니?

학생 3

3

우리 학교의 장점을 노래와 랩으로
표현하면 어떨까?

학생 4

4

재밌겠다! 그런데 노래를 모두 함께 부르면
좋은데, 화음이 안 맞을 수도 있어.

회장

노래 잘하는 친구 몇 명만 부르면 멋있을 텐데
학급 전체가 참여한다는 취지에서 벗어날 것
같아.

학생 5

5

그것도 그래. 발표회 때 잘하는 것도
중요하지만 반의 모든 구성원이 함께하는
게 더 중요하잖아.

그럼 반 전원이 '멋진 우리 학교'를 주제로
시를 쓰고 그림으로 표현하면 어떨까?

회장

시 쓰기나 그림으로 표현하기를 어려워하는
친구들도 있을 것 같은데….

학생 6

시랑 그림을 사람들이 감상할 수 있도록
한곳에 모아서 전시하기도 어렵지
않을까?

 회장

아, 그렇다면 서로 이해하고 배려하는 우리
동네를 주제로 짧은 연극을 준비하면 어떨까?

학생 7

배우로 무대에 서기 싫어하는 친구도
있지 않을까?

그런 친구들은 시나리오를 쓴다든지, 무대
연출을 맡으면 될 것 같아!

 회장

좋은 생각이야! 언제까지 토의만 할 수는 없으니
지금까지 나온 방안을 투표로 결정하자~!

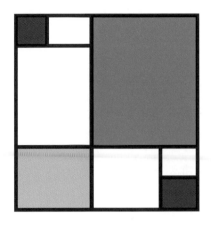

　우리는 살아가면서 많은 것을 보고 느낍니다. 아름다운 자연을 보면서 감탄하기도 하고, 이별 장면을 보면서 슬퍼하기도 합니다. 살아가면서 겪은 경험과 느낌은 기억 속에 오랫동안 남기도 하지만 그 순간이 지나면 연기처럼 사라지는 경우도 많습니다. 그래서 그 순간을 기억하고 싶은 사람들은 생각과 느낌을 다양한 방식으로 남기려고 노력합니다. 어떤 사람들은 사진으로, 다른 어떤 사람들은 영상으로 생각과 느낌, 사상과 감성 등을 남깁니다. 선과 색, 음 등이 생각과 느낌을 나타내는 표현 형식이 되는 셈이죠.

　앞의 대화를 보면 알 수 있듯이, 인간이 생각과 느낌을 표현하는 방법에는 여러 가지가 있습니다. 사진과 같은 시각적 이미지로 표현할 수도 있고, 청각을 주로 사용하는 노래와 랩으로 표현할 수도 있으며, 배우의 대사와 행동으로 이루어진 연극으로 표현하기도 합니다. 또 어떤 사람은 생각과 느낌, 사상과 감정을 언어로 표현하기도 합니다. 그 대표적인 것이 문학입니다.

문학은 문자, 곧 언어로 표현된다는 특징이 있습니다. 언어로 표현되는 예술이라는 점에서 문학은 회화나 음악 등의 다른 예술 갈래와 구별됩니다.

> 어느 날 아침, '그레고르 잠자'가 어수선한 잠에서 깨어났을 때, 자신이 흉측한 한 마리 해충으로 변해있는 것을 발견했다. 그것도 그의 침대 위에서. 그는 무장한 것 같은 등을 대고 누워있었다.
> 만약 그가 자신의 머리를 조금만 들었어도, 불룩하게 부풀어 오른 자신의 갈색 배를 볼 수 있었을 텐데. 그 배는 약간의 돔형이었고, 딱딱한 마디들로 이어진 아치형 구조를 이루고 있었다. 괴상했다.
>
> – 프란츠 카프카, 《변신》에서

위의 예문은 충격적입니다. 자고 일어났더니 벌레가 된 자신의 모습을 발견했을 때의 충격이 고스란히 드러나 있습니다. 물론 이 장면을 그림으로 표현할 수도 있고, 노래로 만들어 표현할 수도 있습니다. 그림으로 표현한다면 벌레가 되어 침대에 누워 있는 모습이 그려질 것이고, 음악으로 표현한다면 벌레가 된 심정을 노래했을 것입니다.

그렇다면 카프카는 어떤 효과를 기대하고 언어로 표현했을까요? 언어는 뜻과 말소리로 이루어져 있습니다. 우리는 친구가 책을 소리 내어 읽을 때 우리의 머릿속에 어떤 의미가 들어오는 것을 경험합니다. 또 언어는 글자라는 시각적 요소와 소리라는 청각적 요소를 모두 가지고 있습니다.

글자(시각)	소리(청각) 🔊	의미
나무	[나무]	「1」 줄기나 가지가 목질로 된 여러해살이 식물. 「2」 집을 짓거나 가구, 그릇 따위를 만들 때 재료로 사용하는 재목. 「3」 땔감이 되는 나무. =땔나무.

그러므로 무엇인가를 문학으로 표현한다는 것은 시각적이면서 청각적인 표현을 통해 어떤 의미를 나타내는 것이라고 볼 수 있습니다. 청각적 요소가 강조된 문학, 예를 들어 운율이 두드러진 시는 노래와 가까워지고, 시각적 요소가 강조된 문학, 곧 묘사가 두드러진 문학 작품은 회화와 가까워집니다.

그렇다면 문학은 무엇을 표현하는 언어 예술일까요? 문학은 언어에 기초해 인간 정신과 감성을 예술의 형태로 표현한 것이라고 좀 더 구체석으로 진술할 수 있습니다. 문학을 통해 표현되는 것은 인간의 정신, 감성과 같은 심미적인 어떤 것입니다. 결국 문학은 인간과 세계의 진실에 대한 심미적 인식이 형상화된 언어 예술이라고 정의할 수 있습니다.

1. 심미적 인식이 형상화된 언어 예술이에요

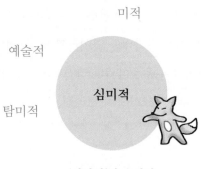

'심미적'의 유의어

   그렇다면 심미적인 것은 어떤 것일까요? '심미적(審美的)'이라는 말에서 '심(審)'은 '살피다, 찾다' 등의 의미를 지니고 있으며, '미(美)'는 '아름다움'을 뜻합니다. 그러므로 '심미(審美)'란 '아름다움을 찾는' 행위를 가리킵니다. '심미적'이라는 단어를 사전에 찾아보면 유사한 말로 '탐미적', '미적', '예술적' 등이 있습니다.

'미적', '예술적' 등을 유의어로 삼고 있는 것을 보면 '심미적'이라는 말이 사회과학이나 자연과학보다는 예술의 영역에서 주로 쓰이는 말이라는 것을 짐작할 수 있습니다.

'인식(認識)'이란 '사물을 분별하고 판단하여 아는 일'을 뜻하므로, '심미적 인식'은 '아름다움을 찾아 분별하고 판단하는 것'이라고 볼 수 있습니다. 곧 심미적 인식이란 인간을 포함한 세계를 아름다움의 시선에서 보는 것을 말하는데, 단지 예쁜 것뿐만 아니라 슬프거나 추한 것, 웃기는 것 등도 삶의 진실을 담고 있다면 그것에서 아름다움을 찾는 것을 포함합니다. 그러므로 인간을 포함한 세계를 아름다움의 관점에서 바라보는 것이 곧 심미적 인식이라고 할 수 있습니다.

어떤 대상을 아름다움의 관점에서 바라보는 것이 심미적 인식이라면, 어떤 대상에서 감동이나 깨달음을 얻으며 아름다움을 느끼는 것은 심미적 체험이라고 할 수 있습니다. 예를 들어, 어떤 대상을 보면서 '아름답다', '추하다', '고통스럽다'라고 생각하는 것이 심미적 인식이라면, 그런 대상을 보면서 아름다움이나 감동을 얻는 경험을 심미적 체험이라고 볼 수 있습니다. 일반적으로 작가는 세상을 살아가면서 겪은 심미적 경험에서 얻은 심미적 인식을 작품으로 형상화하고, 독자는 문학 작품을 감상하면서 작가의 심미적 인식을 파악하고 자신의 심미적 체험을 확장해 나갑니다.

다음 사진은 북극, 남극과 같은 극지방에서 나타나는 오로라 현상을 감상하고 있는 두 사람을 찍은 사진입니다. 이 광경을 보고 (가), (나)와 같은 반응을 했다면 어떤 인식의 차이가 있는 것일까요?

(가)는 '오로라'에 관해 학술적이고 객관적인 개념을 설명하고 있으며, (나)는 사진에 대한 주관적이고 심미적인 경험을 이야기하고 있습니다.

(가)

오로라(aurora)는 주로 남극과 북극 지방의 초고층(超高層) 대기 중에 보이는 발광 현상을 가리킨다. 태양으로부터의 대전 입자(帶電 粒子)가 극지(極地)의 상공으로 침입했을 때 나타난다. 빨강·파랑·노랑·연두·분홍 등의 아름다운 색채를 보인다고 한다.

(나)

아름답고 부럽다! 마치 알라딘의 요술램프에서 피어오르는 연기처럼 땅에서 하늘로 오르는 듯한 색채의 율동이 아름답다. 이 광경을 사진이 아니라 눈으로 직접 보고 있는 두 사람은 얼마나 황홀하고 행복했을까?

(가)는 '오로라'에 대한 어떤 평가나 주관의 개입 없이 오로라의 개념을 진술하고 있는데, 마지막 문장의 '아름다운 색채'라는 평가조차 서술자의 주관적인 평가라기보다는 많은 사람의 평가를 인용한 것처럼 보입니다.

그에 비해 (나)는 사진에 대한 진술자의 주관적인 느낌과 평가가 들어있습니다. 특히 '아름답다', '황홀하다', '행복하다' 등의 평가는 현상에 대한 객관적인 진술이 아니라 오로라와 오로라를 보기 위해 극지방까지 가서 앉아 있는 두 사람에 대한 주관적인 진술을 포함한 심미적 인식이라고 볼 수 있습니다. 또한 (나)는 사진을 통해 부러움을 느끼고 있으므로 심미적 체험을 진술한 것으로 볼 수 있겠네요. 이처럼 심미적 인식과 심미적 체험은 동떨어진 것이 아니라 동전의 양면처럼 작용한다고 볼 수 있습니다.

사회과학은 인간의 사회적인 삶과 조건을 탐구하고, 자연과학은 인간의 생물학적인 삶과 환경을 다룹니다. 이와 달리 문학은 인간의 삶에 대한 이해를 목표로 합니다. 문학은 인간의 삶에 대한 생물학적이고 경제적인 조건이나 환경을 탐구하는 것이 아니라, 인간의 삶 자체에 대한 이해를 목표로 한다는 점에서 심미적 인식을 추구한다는 것을 알 수 있습니다.

형상화란, 형체로는 분명히 나타나 있지 않은 것을 어떤 방법이나 매체를 통하여 구체적인 모양으로 나타내는 것을 말합니다. 일반적으로 사랑, 고독, 허무함 등 추상적인 대상(감정)을 신체 기관으로 확인할 수 있는 감각적인 대상으로 표현한 경우를 형상화라고 부릅니다.

예를 들어, 김광섭 시인은 〈저녁에〉라는 시에서 사랑하거나 그리워하는 대상과 엇갈리는 슬픈 운명을 '별은 밝음 속에 사라지고/ 나는 어둠 속에 사라진다'라고 형상화했습니다. 나와 별이 엇갈릴 수밖에 없는 것은 밝을 때 나는 보이지만 별이 보이지 않고, 어두울 때는 별은 보이지만 나는 보이지 않기 때문이죠. 김광섭 시인은 나와 네(별)가 서로 그리워하면서도 함께 할 수 없는 슬픔을 시라는 언어로 형상화한 것입니다.

김환기 화백은 이런 슬프고 아련한 정서를 시각적으로 표현했습니다. 그림을 보고 사람마다 감상이 다르겠지만 공허함 또는 허무함이 짙게 배어있는 작품이라고 볼 수 있습니다. 인간관계에 대한 슬픔이나 비극을 표현한 것이라 볼 수 있는 것이죠. 이처럼 비슷한 정서와 분위기라도 선과 색으로 형상화했을 때와 언어로 형상화했을 때는 표현된 내용과 느낌이 달라질 수 있습니다.

김환기(1913~1974), 〈어디서 무엇이 되어 다시 만나랴〉,
1970년, 개인 소장
URL: 한국민족문화대백과사전

2. 세계를 깊이 있게 이해하고 삶의 의미에 대해 통찰해요

우리가 문학 작품을 감상하고 표현하는 이유는 무엇일까요? 우리는 다른 사람이 창작한 문학 작품을 감상하면서 직접 경험하거나 느끼지 못한 것을 느낄 수 있으며, 지금껏 들었던 생각과 느낌을 나타낼 수 있습니다. 이를 통해 우리는 다른 사람의 삶을 이해하면서 동시에 우리가 세상을 살아가는 의미를 체득할 수 있습니다. 그러므로 문학 작품의 감상과 표현은 우리가 살아가는 세계를 깊이 있게 이해하게 해주고, 우리의 삶에 어떤 의미가 있는지를 통찰할 수 있게 해줍니다.

(가) 작품에 담긴 심미적 인식을 파악하고 이해한다

먼저 우리는 다른 사람의 작품을 통해 작품에 담긴 심미적 인식을 파악하고 이해하게 됩니다. 쉽게 말해서 타인이 세상을 어떻게 바라보고 표현했는가를 이해하는 것이죠. 내가 직접 체험하지 않았어도 다른 사람의 심미적 인식이 곧 나의 심미적 체험이 될 수 있습니다. 내가 경험해보지 못한 세계를 다른 사람의 눈을 통해 들여다보면서 나의 심미적 체험을 확장할 수 있는 것입니다. 작품에 담긴 심미적 인식을 파악하고 이해하는 것은 곧 나와는 다른, 작품에 담긴 세계를 인식하고 이해하는 계기가 됩니다.

(나) 학습자가 자기 삶에서 정서적·심미적 경험을 확충한다

누구도 살아가면서 모든 것을 경험할 수는 없습니다. 그래서 우리는 문학 작품을 통해 다른 사람이 경험한 것을 간접적으로나마 접합니다. 우리는 문학 작품이 아니더라도 역사적 기록 등을 통해 다른 사람의 경험을 확인할 수 있습니다. 하지만 역사적 사건에 대한 정서적·심미적 경험은 문학 작품 감상을 통해서 이루어질 수 있습니다. 같은 사건에 대한 서로 다른 평가는 사실관계의 규명에 따라 이루어질 수도 있지만, 같은 사건에 대한 주관적이고 심미적인 평가의 형태로 진행될 수도 있습니다. 이때 학습자는 문학 작품 감상을 통해 정서적·심미적 경험을 확충할 수 있습니다. 다시 말해 타인의 심미적 인식을 나의 심미적 경험으로 확장하여 나의 세계를 확대할 수 있게 됩니다.

(다) 확장된 심미적 경험을 다양한 방식으로 표현하는 능력을 기른다

세상과 삶에 대한 타인의 심미적 인식이 기록된 문학 작품을 읽으면서 우리는 자기의 정서적·심미적 경험을 확대할 수 있습니다. 또 누구나 자기의 생각과 느낌, 사상과 감정을 표현하고자 하는 욕구를 지니고 있습니다. 문학 작품 감상을 통한 다른 사람의 삶에 대한 이해는 나 자신의 모습에 대한 이해의 출발점이 될 수 있습니다. 마찬가지로 나 또한 살아가면서 느꼈던 생각과 감정을 문학의 언어로 표현하여 다른 사람의 이해와 동의를 얻을 수 있습니다. 우리가 살아가면서 느끼는 생각과 느낌을 동영상으로 찍어 표현하듯이 말이죠. 쉽게 말해서 우리는 자신이 느낀 것을 다른 사람도 느꼈으면 하는 욕구가 있습니다. 그것은 감동일 수도 있고, 정보일 수도 있고, 교훈일 수도 있으며 성찰일 수도 있습니다.

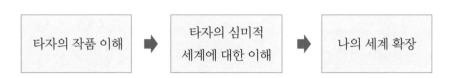

또, 우리는 문학 작품을 읽으며 다른 사람이 세계와 삶에 대해 어떤 심미적 인식을 하고 있는가를 살펴보면서 나의 심미적 체험을 확장할 수 있습니다. 이 과정에서 우리는 다른 사람의 삶을 이해하고, 이를 통해 나의 삶을 성찰할 수 있습니다. 이러한 문학 작품의 수용과 생산 과정을 통해 세계와 나를 이해하는 것은 물론, 세계와 나에 대한 이해를 바탕으로 생각과 감정을 표현할 수 있게 될 것입니다.

문학

심미적 인식이
형상화된 언어 예술

심미적 인식

어떤 대상을
아름다움의 관점에서
바라보는 것

심미적 체험

어떤 대상에서
깨달음을 얻으며
아름다움을
느끼는 것

세계에 대한 이해와 삶에 대한 통찰

① 작품에 담긴 심미적 인식을 파악하고 이해
② 학습자가 자신의 삶에서 정서적 · 심미적 경험을 확충
③ 확장된 심미적 경험을 다양한 방식으로 표현하는 능력을
　기름

풀어 볼까? 문제!

1. 다음은 문학의 정의입니다. 다음 글에서 (   )을 채워보세요.

> 문학은 (   ) 인식이 형상화된 (   ) 예술이다.

2. 다음은 문학의 의의입니다. 빈칸을 채워보세요.

> 문학은 □□을/를 깊이 있게 이해하고 □의 □□에 대해 통찰한다.

3. 다음은 심미적 인식과 심미적 체험을 설명한 것입니다. 바르게 짝지어 보세요.

심미적 체험	㉠ •	• ❶	어떤 대상을 아름다움의 관점에서 바라보는 것
심미적 인식	㉡ •	• ❷	어떤 대상에서 감동이나 깨달음을 얻으며 아름다움을 느끼는 것

정답

1. 심미적, 언어

2. 세계, 삶, 의미

3. ㉠-❷, ㉡-❶

Part 2. 문학의 갈래

연우

다음 주 화요일에 제출할 수행 평가
과제 준비 잘하고 있니?

> 가장 기억에 남거나 인상 깊었던 경험을
> 문학으로 표현하는 거였지?
> 뉴스 형식으로 표현해도 될까? 육하원칙에
> 따라 표현하면 딱 떨어지니까!

 연우

좋은 생각이긴 한데, 뉴스는 문학이 아니잖아.
문학의 갈래에 속한 형식으로 표현할 필요가
있을 것 같아.

> 문학의 갈래? 그게 뭔데?

 연우

문학을 일정한 기준에 따라 분류한 것을
갈래라고 해. 척추동물을 호흡기관, 수정 장소,
체온, 알이나 새끼를 낳는지에 따라 어류,
양서류, 파충류, 조류, 포유류로 나누듯이
문학을 내용이나 형식에 따라 나눈 게 갈래야.

> 그런데 그냥 동물이면 동물이지, 골치 아프게
> 왜 나누는 거야?

연우

갑자기 외출할 때 옷장의 옷이 외출용,
실내용 등으로 구분되어 있으면 원하는
것을 빨리 찾을 수 있듯이, 동물도 특성에
따라 구분해 놓으면 이해하기 쉽지 않을까?

그렇구나. 그럼, 문학의 갈래에는 어떤 게
있어?

 연우

문학의 갈래는 서정, 서사, 극, 교술 등으로
나뉘어. 비슷한 형식을 가진 것끼리 묶은 거야.

아, 그럼 내가 겪었던 인상적인 경험을 네
갈래 중 하나로 표현하라는 거구나.

 연우

그렇지! 너는 어떤 갈래로 너의 경험을
표현하고 싶어?

그런데 나 아직 서정, 서사, 극, 교술이
뭔지 잘 모르겠어. 설명해 줄래?

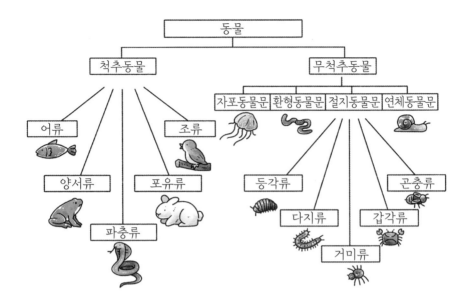

앞에서 이야기 나누었듯이 우리는 동물을 척추가 있는 척추동물과 척추가 없는 무척추동물로 나누고, 척추 동물은 다시 포유류, 조류, 파충류, 양서류, 어류로 분류합니다. 이렇게 나누어 놓으면 각 동물이 가진 특징을 이해하는 데 큰 도움이 됩니다. 마치 우리가 옷장의 옷을 계절별로 구분해 놓으면 계절이 바뀔 때마다 계절에 맞는 옷을 손쉽게 찾을 수 있는 것과 같습니다.

예를 들어, 도마뱀과 개구리는 모두 알을 낳습니다. 외부 온도에 따라 체온이 달라지는 변온 동물이라는 공통점도 있습니다. 그렇다면 도마뱀과 개구리는 어떻게 구분할 수 있을까요? 도마뱀은 폐로 호흡하면서 체내 수정을 하지만, 개구리는 어릴 적에는 물속에서 살면서 아가미로 호흡하다 성체가 되면 육지에 나와 폐로 호흡하며 체외 수정한다는 차이점이 있습니다.

즉, 도마뱀은 파충류, 개구리는 양서류입니다. 폐 호흡과 아가미 호흡, 체내 수정과 체외 수정의 차이를 알지 못하면 도마뱀과 개구리는 같은 종류로 인식될 것입니다. 이렇게 파충류와 양서류의 차이를 아는 것이 도마뱀과 개구리의 생태를 이해하는 데 도움이 되듯이, 문학에서도 각 갈래의 특징을 이해하고 있으면 작품을 이해하는 데 많은 도움을 받을 수 있을 것입니다.

1. 문학의 갈래는 왜 나눌까요?

　문학을 내용이나 형식의 일정한 기준에 따라 묶는 것을 갈래라고 합니다. 예를 들어 문학은 운율의 유무에 따라 운문 문학과 산문 문학으로 분류할 수 있습니다. 시대에 따라서는 옛 문학을 가리키는 고전문학과 오늘날의 문학을 가리키는 현대문학으로 나눌 수 있습니다. 또 언어의 전달 방식에 따라 입에서 입으로 전달되는 구술 문학 또는 구전 문학과 문자를 통해 전달되는 기록 문학으로 나눌 수도 있습니다.

　가장 일반적인 문학의 갈래는 표현 양식에 따라 서정·서사·극으로 나누거나 서정·서사·극·교술로 나누는 것입니다. 서정·서사·극·교술은 우리나라에서만 사용되는 것이 아니라 세계 문학에 보편적으로 적용되는 기본 갈래입니다.

　문학의 갈래에 대한 이해는 문학 작품 이해에 도움이 됩니다. 예를 들어, 서정의 특성은 시인의 주관적인 정서와 감정을 표현하는 데 있습니다. 서정적 갈래에 속한 문학 작품을 이해할 때는 작품에 진술된 세계가 객관적으로 존재하는 세계가 아니라 시인의 주관적 감정에 의해 재현된 세계라는 것을 이해할 필요가 있습니다. 여기에서 재현이란 현실에 존재하는 대상을 언어를 통해 다시 나타내는 것으로, 언어가 재현하는 현실은 특정한 관점과 의도에 의해 선택되거나 배제된 현실이라는 것을 이해할 필요가 있습니다.

(가) 실제 세계(사건)에 가까운 재현	
1909년 10월 26일	· 안중근, 7시경 하얼빈역 도착. 이토, 9시 15분에 열차에서 하차. · 9시 30분 안중근, 러시아 의장대 사열 후 일본 환영단으로 향하던 이토에게 3발을 발사하여 모두 명중시킴. · 이때 러시아 군인이 덮치자 권총을 떨어뜨리고 "코레아 우라"를 세 번 외침. 이토, 10시에 절명함. · 안중근, 하얼빈역 구내에서 러시아 관헌으로부터 조사받음. · 러시아 당국, 11시 35분에 안중근을 일제에 인도하기로 결정함. · 11시 55분 채가구에 있던 우덕순, 조도선 체포당함.

*출처: 안중근의사기념관 연보(http://www.ahnjunggeun.or.kr/kwa-47082)

(나) 주관적 판단이 들어가 있는 재현된 세계
울분을 참으며 용기 있게 뚜벅뚜벅 걸어 군대가 늘어서 있는 뒤편에 이르니, 러시아 관리들이 호위하고 오는 사람 중에 맨 앞에 누런 얼굴에 흰 수염을 한 조그마한 늙은이가 있었다.   '저자가 필시 이토일 것이다.'

생각하고 바로 단총을 뽑아 그를 향해 4발을 쏜 다음, 생각해보니 그 자가 정말 이토인지 의심이 났다. 나는 본시 이토의 얼굴을 모르기 때문이었다.

만약 잘못 쏘았다면 일이 낭패가 되는 것이라 다시 뒤쪽을 보니 일본인 무리 가운데 가장 의젓해 보이며 앞서가는 자를 향해 다시 3발을 이어 쏘았다. 만일 무관한 사람을 쏘았다면 일을 어찌하나 하고 생각하는 사이에 러시아 헌병이 나를 체포하니 그때가 1909년 10월 26일(음력 9월 13일) 상오 9시 반쯤이었다.

*출처: 안중근 의사 자서전 안응칠역사(http://www.ahnjunggeun.or.kr/work/AJG_e_book_190708.pdf)

(가)는 안중근 의사가 이토 히로부미를 저격한 사건을 기록한 연보이고, (나)는 그 사건을 다룬 전기문의 일부분입니다. 사실 (가) 또한 안중근 의사가 이토 히로부미를 저격한 사건을 언어로 기록해 놓은 것이어서 실제 세계라고 볼 수는 없습니다. 그리고 안중근 의사의 이토 히로부미 저격이라는 실제 사건은 과거가 되어 직접 확인할 수도 없습니다. 다만 (가)는 기록자의 주관적 판단이나 느낌을 빼고 객관적으로 기록했다는 점에서 (나)보다는 객관적 재현에 가깝다고 판단할 수 있습니다.

시인과 글쓴이의 경험이나 감정을 전달하는 측면에서 서정과 교술은 비슷한 양상을 보이지만 자세히 살펴보면 차이가 있습니다. 서정의 경우 작품 속의 자아와 글쓴이가 일치하지 않지만, 교술의 경우 작품 속의 자아와 글쓴이가 일치합니다. 또 서정의 경우 서정적 자아의 눈에 비친 주관적 세계를 그리지만, 교술의 경우 실제로 존재하는 사물이나 현실을 객관적으로 전달한다는 차이가 있습니다. 이렇게 갈래의 차이를 알고 문학 작품을 감상하는 것은 문학 작품을 정확하고 깊이 있게 이해하는 데 큰 도움이 될 것입니다.

2. 문학의 갈래에는 무엇이 있나요?

가장 일반적인 문학의 갈래는 서정·서사·극·교술로 나누는 것입니다.

시인의 주관적 감성과 정서를 드러내는 '서정'

　서정은 시에서 정서를 풀어내는 방식을 가리킵니다. 정서는 사람의 마음에 일어나는 여러 가지 감정을 가리키므로, 서정은 시인의 감성과 정서를 드러내는 것을 말합니다. 그러므로 서정 문학은 화자의 입을 통해 인간의 삶과 세상에 대한 화자의 감성과 정서를 드러낸 문학을 가리킵니다.

　서정은 개인의 감정을 주로 노래하기 때문에 주관적일 가능성이 큽니다. 서정 갈래는 주관적 정서를 바탕으로 하는 문학 양식입니다. 대표적으로 시가 있으며, 많은 시가 주관적 정서를 다룬 서정시에 속합니다. 시조와 현대시 모두 서정 문학에 속하지만, 시조와 현대시의 서정은 다른 경우가 많습니다. 또한, 같은 시인이 쓴 작품에 나타나는 서정 또한 다양하게 나타날 수 있습니다.

(가)

나는 꿈꾸었노라, 동무들과 내가 가지런히

벌 가의 하루 일을 다 마치고

석양에 마을로 돌아오는 꿈을,

즐거이, 꿈 가운데.

그러나 집 잃은 내 몸이여,

바라건대는 우리에게 우리의 보습 대일 땅이 있었더면!

- 김소월, 〈바라건대는 우리에게 우리의 보습 대일 땅이 있었더면〉에서

(나)

나 보기가 역겨워

가실 때에는

말없이 고이 보내드리오리다.

영변에 약산

진달래꽃

아름 따다 가실 길에 뿌리오리다.

-김소월, 〈진달래꽃〉에서

(가)와 (나) 모두 김소월 시인이 창작한 작품으로, 개인의 주관적 정서가 잘 드러난 서정시입니다. 같은 작가가 쓴 시인데도 (가)와 (나)에 드러난 정서와 분위기는 사뭇 다릅니다. (가)에서는 화자가 힘찬 남성적 어조로 민족이 당면한 역사적 현실을 극복하고자 하는 의지를 드러내고 있습니다. (나)에서는 화자가 떠나는 임에게 공손한 어조로 대하고 있는 것을 볼 수 있습니다.

　이렇듯 개인의 주관적 정서를 드러낸 서정 갈래에는 고대가요, 향가, 고려 가요, 민요, 시조, 한시 등이 속합니다. 특히 서정 갈래는 인간의 감정과 생각을 운율이 있는 언어로 압축하여 독자에게 전달하는데, 이때 운율이 있는 언어는 운문과 산문을 구분해주는 특징이 되기도 합니다.

서정 갈래의 특징과 종류

－ 인간의 주관적 감정과 정서를 표현

－ 운율이 있는 언어로 감정과 생각을 압축해서 표현

－ 세계를 주관적으로 해석하는 세계의 자아화를 표현한 문학 양식

－ 시, 고대 가요, 향가, 고려 가요, 민요, 시조, 한시 등이 있음

서술자를 통해 사건을 전달하는 '서사'

　서사는 특정 시간과 공간을 배경으로 어떤 인물이 겪는 사건을 꾸며낸 이야기를 가리킵니다. 즉, 서술자를 통해 이야기를 전달하는 문학의 형태입니다. 서사 갈래의 중요한 특징 중 하나가 허구성입니다. 서사로 표현된 내용은 사실이 아니라 그럴듯하게 구성된 허구라는 것이죠. 서사 갈래는 허구성을 바탕으로 하여 가상의 인물과 사건을 통해 다양한 삶의 모습을 제시하는 문학입니다. 다시 말해서 소재는 현실에서 구하지만 작가가 상상력을 발휘하여 꾸며낸 이야기라는 뜻입니다.

　비록 서사 갈래가 작가의 상상력에 의해 만들어진 허구이지만 그 허구는 현실을 바탕으로 만들어진 그럴듯한, 있음 직한 허구입니다. 이러한 특성을 '개연성'이라고 합니다. 그래서 서사 갈래는 현실에서 실제로 일어날 수 있는 사건이나 존재할 만한 인물을 그려냅니다. 그러므로 서사 갈래는 현실에서 있음 직한 이야기를 담고 있는 글이면서, 특정 공간과 시간을 배경으로 어떤 인물이 겪는 여러 가지 사건을 의미 있게 꾸며 낸 이야기입니다.

"소인이 평생 서러운 것은, 대감의 정기를 받아 당당한 남자가 되어 부모님이 낳아 길러주신 은혜가 깊은데, 아버지를 아버지라 못 하고 형을 형이라 못 하니 어찌 사람이라 하겠습니까?"

길동의 눈물이 단삼*을 적시니, 공이 듣기에 비록 측은하나 만일 그 뜻을 위로하면 마음이 방자해질까 걱정되어 오히려 크게 꾸짖었다.

"재상집 천한 계집종 소생이 비단 너뿐 아니거늘 네 어찌 버릇없음이 이와 같으냐? 앞으로 다시 이런 말을 하면 눈앞에 두지 않으리라."

길동은 감히 한마디 말도 더 고하지 못하고 땅에 엎드려 눈물만 흘릴 뿐이었다. 공이 물러가라 명하니, 길동이 침소로 돌아와 슬퍼함을 그치지 않았다.

–허균의 《홍길동전》에서

*단삼: 윗도리에 입는 홑옷

여러분, 만약 부모님이 계신 데도 부모님이라 부르지 못하고, 형제가 있는데도 언니, 누나, 오빠, 형이라고 부르지 못하고 산다면 어떤 기분일까요? 허균이 살았던 1600년대, 곧 17세기는 지금과는 달리 신분 질서가 엄격하던 시절이었습니다. 이 작품은 신분 질서로 인해 어머니의 신분이 낮은 서자 출신은 아버지를 아버지라 부르지 못하던 당시의 상황을 '홍길동'이라는 가상 인물의 생각과 행동을 통해 보여주고 있습니다. 《홍길동전》이 비록 실제 있었던 일은 아니지만 서자가 아버지를 아버지라 부르지 못하는 상황은 실제로 있었기 때문에 충분히 가능성이 있는, 다시 말해서 개연성이 있는 상황이라고 볼 수 있습니다.

　서사 갈래는 자아와 세계의 갈등과 대결을 그린 문학 양식입니다. 서사 갈래에서 자아와 세계의 대결은 갈등으로 드러나며, 갈등을 통해 사건이 전개됩니다. 인용된 부분에서도 길동은 아버지인 홍판서와 갈등을 겪으며, 나아가 적서차별이라는 신분제도와 대립하면서 당시 사회와 갈등을 겪게 됩니다. 이렇게 허구적인 인물과 허구적인 사건을 통해 자아와 세계의 갈등과 대결을 그린 문학 양식에는 설화(신화, 전설, 민담), 고전 소설, 신소설, 현대 소설 등이 있습니다.

서사 갈래의 특징과 종류
- 특정 시간과 공간을 배경으로 어떤 인물이 겪는 사건을 꾸며낸 이야기
- 허구성을 바탕으로 다양한 삶의 모습을 가상의 인물과 사건을 통해 제시하는 문학
- 일련의 사건을 서술자의 입을 통해 서술하면서 간접적으로 전달
- 자아와 세계의 갈등과 대결을 그린 문학 양식
- 설화(신화, 전설, 민담), 고전 소설, 신소설, 현대소설 등이 있음

배우를 통해 행동을 언어로 표현하는 '극'

극은 배우를 통해 행동을 언어로 표현한 문학입니다. 극 갈래는 인간의 행동이나 사건을 관객의 눈앞에서 보여줍니다. 인간의 행위와 사건의 전개를 눈앞에서 직접 연출해 보이는 것으로는 희곡이 대표적입니다. 극 문학은 서사 문학과 마찬가지로 인물 간의 갈등과 사건을 관객들에게 보여주지만 서사 문학과 달리 서술자의 개입 없이 등장인물인 배우의 대화와 행동으로 사건을 표현한다는 점이 다릅니다.

극은 앞서 살펴보았던 서사 갈래와 유사한 점이 많습니다. 극과 서사는 갈등과 대결의 문학이며, 인물이 등장하고, 사건과 갈등을 통해 진행됩니다. 하지만 소설은 서술자의 눈과 입을 통해 인물의 심리나 행동 그리고 사건이 진술되지만, 극에서는 등장인물 간의 대화와 행동으로 사건이 진행된다는 차이가 있습니다.

다음 작품은 1920년대를 대표하는 선구적인 연극인이자 실험적인 극작가였던 김우진의 《산돼지》입니다. 김우진은 영화 《사의 찬미》의 주인공으로, 일제 강점기에 성악가 윤심덕과 함께 대한해협에서 동반 자살한 사건으로 널리 알려진 인물입니다. 《산돼지》는 친구 조명희의 시〈봄 잔디밭 위에〉에서 암시를 얻어 쓴 작품으로, 좌절한 젊은이의 고뇌와 방황을 음울하게 그렸습니다.

차 혁 (기가 난 듯이 다리를 세우며) 흥, 끝판에 탁 대들어 본다. 오냐, 대들어 봐라. (바둑을 놓는다.)

최원봉 (냉연하게) 네가 말 안 해도 벌써 이렇게 대들지 않았니? (놓는다.) 이리로 막아 버리면 네 살길이 어디냐?

차 혁 (놓으며) 또 이리로 막아 버리면 네 길은 어디고.

최원봉 (웃으며) 이 넓은 세상에 길이 없을까 봐. (놓는다.)

차 혁 아, 이놈 보게. (생각한 뒤에 놓는다.)

최원봉 넓은 세상에 길 없을까 봐, 넓은 세상에 길 없을까 봐. (놓는다.) 넓은 세상에…….

−김우진, 《산돼지》에서

만약 인용 작품이 소설이나 이야기였다면 서술자가 '차혁은 ~ 말했다.'라는 식으로 표현했을 것입니다. 극에서는 '차혁'과 '최원봉'의 대화처럼 인물 간의 대화를 통해 내용이 전개됩니다. 이렇게 서술자의 유무에 따라 서사 갈래와 극 갈래는 큰 차이를 보이게 됩니다. 서사 갈래에서는 서술자라는 3자가 개입하여 사건을 서술하는 말하기의 형식을 취한다면, 극 갈래에서는 서술자와 같은 3자의 개입 없이 인물의 행동과 대사를 통해 관객에게 직접적으로 보여주는 보여주기의 형식을 취한다고 볼 수 있습니다. 극 갈래

에는 가면극(탈춤), 인형극(꼭두각시놀음), 창극, 신파극, 현대극 등이 있습니다.

극 갈래의 특징과 종류

- 배우를 통해 현재의 행동을 언어로 표현한 문학 형식
- 서술자의 개입 없이 등장인물인 배우의 대화와 행동으로 사건을 표현
- 대부분 자아와 세계의 갈등과 대결을 그린 문학 양식
- 가면극(탈춤), 인형극(꼭두각시놀음), 창극, 신파극, 현대극 등이 있음

글쓴이의 체험을 바탕으로 깨달음을 전달하는 '교술'

　교술이라는 단어는 '가르칠 교(教)', '지을 술(述)'로 이루어져 있습니다. 가르치고 어떤 사실을 서술한다는 뜻이지요. 이름 그대로 교술 갈래는 읽는 사람에게 어떤 깨달음이나 교훈을 줄 목적으로 창작된 경우가 많습니다.

　교술의 가장 큰 특징은 직접 체험한 내용을 바탕으로 깨달음을 준다는 것입니다. 서정은 자신의 경험을 주관적으로 표현하고, 서사와 극은 체험을 허구화하여 그럴듯하게 표현하지만, 교술 장르는 사실, 즉 글쓴이의 체험을 바탕으로 합니다.

　나는 이에 느낀 것이 있었다. 사람의 몸도 마찬가지라는 사실을. 잘못을 알고서도 바로 고치지 않으면 곧 그 자신이 나쁘게 되는 것이 마치 나무가 썩어서 못 쓰게 되는 것과 같으며, 잘못을 알고 고치기를 꺼리지 않으면 해(害)를 받지 않고 다시 착한 사람이 될 수 있으니 저 집의 재목처럼 말끔하게 다시 쓸 수 있는 것이다. 나라의 정치도 이와 같다. 백성을 좀먹는 무리를 그냥 두었다가는 백성들이 도탄에 빠지고 나라가 위태롭게 된다. 그런 연후에 급히 바로잡으려 하면 이미 썩어버린 재목처럼 때는 늦은 것이다. 어찌 삼가지 않겠는가.

─이규보, 《이옥설》에서

'이옥설'은 '집을 고치는 것에 관한 이야기'라는 뜻입니다. 인용한 작품은 집을 고친다는 일상적 소재에서 얻은 깨달음을 쓴 수필입니다. 개인의 경험을 글로 표현했다는 점에서는 서정과 비슷해 보이지만, 개인의 주관적인 감정보다는 다른 사람에게 끼칠 영향이나 교훈을 생각하면서 운율이 없는 산문으로 기술했다는 점이 다릅니다.

교술이라는 갈래는 문학과 실용문의 경계에 있는 일기, 기행문, 편지 등을 모두 포함하기 때문에 교술 갈래에 속하는 문학은 매우 다양합니다. 즉, 여러분이 친구에게 쓴 편지나 여행을 갔다가 와서 쓰는 기행문도 모두 교술 갈래에 속합니다.

교술 갈래의 특징과 종류

- 가르치고 말해주는 일종의 '알려주기' 표현 양식
- 글쓴이가 직접 체험한 내용을 바탕으로 표현된 문학 양식
- 수필, 일기, 기행문, 편지 등이 있음

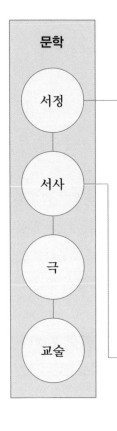

서정 갈래의 특징과 종류

- 인간의 주관적 감정과 정서를 표현
- 운율이 있는 언어로 감정과 생각을 압축해서 표현
- 세계를 주관적으로 해석하는 세계의 자아화를 표현한 문학 양식
- 고대 가요, 향가, 고려 가요, 민요, 시조, 한시 등이 있음

서사 갈래의 특징과 종류

- 특정 시간과 공간을 배경으로 어떤 인물이 겪는 사건을 꾸며낸 이야기
- 허구성을 바탕으로 다양한 삶의 모습을 가상의 인물과 사건을 통해 제시하는 문학 양식
- 일련의 사건을 서술자의 입을 통해 서술하면서 간접적으로 전달
- 자아와 세계의 갈등과 대결을 그린 문학 양식
- 설화(신화, 전설, 민담), 고전 소설, 신소설, 현대소설 등이 있음

극 갈래의 특징과 종류

- 배우를 통해 현재의 행동을 언어로 표현한 문학 양식
- 서술자의 개입 없이 등장인물인 배우의 대화와 행동으로 사건을 표현
- 자아와 세계의 갈등과 대결을 그린 문학 양식
- 가면극(탈춤), 인형극(꼭두각시놀음), 창극, 신파극, 현대극 등이 있음

교술 갈래의 특징과 종류

- 가르치고 말해주는 일종의 '알려주기' 표현 양식
- 글쓴이가 직접 체험한 내용을 바탕으로 표현된 문학 양식
- 수필, 일기, 기행문, 편지 등이 있음

풀어 볼까? 문제!

1. 다음은 문학의 갈래에 대한 설명이다. 바르게 짝지어 보자.

2. 각 문학 형식이 속하는 문학의 갈래를 바르게 짝지어 보자.

서정	㉠ •		• ❶	수필, 기행문
서사	㉡ •		• ❷	시, 시조
극	㉢ •		• ❸	소설, 설화
교술	㉣ •		• ❹	현대극, 탈춤

정답

1. ㉠-❸, ㉡-❶, ㉢-❷, ㉣-❹

2. ㉠-❷, ㉡-❸, ㉢-❹, ㉣-❶

Part 3. 문학의 수용과 생산

지난번에 설명을 듣지 못해 헷갈리는데, 문학 작품의 수용과 생산이라는 말에서 '수용'과 '생산'이라는 말이 무슨 뜻이야?

 연우

아, 너 선생님께서 개념 설명을 하신 날 아파서 학교에 못 나왔었지?

응. '수용'은 뭔가를 받아들인다는 의미 같고, '생산'은 무엇인가를 만들어낸다는 말 같은데, 맞아?

 연우

맞아, 역시 넌 어휘력이 풍부해!

하지만 문학 작품의 수용과 생산이라는 말의 의미를 잘 모르겠어.

 연우

문학 작품의 수용은 다른 사람이 창작한 문학 작품을 감상한다는 의미야. 문학 작품의 생산은 작품을 감상하며 든 생각과 느낌을 표현하는 것을 가리켜.

그럼 '문학 작품의 수용과 생산'은 '문학 작품의 감상과 표현'으로 이해해도 되겠구나?

연우

그렇긴 해. 그런데 '감상과 표현'이라는 말 대신 '수용과 생산'이라는 말을 쓴 데에는 적극적이고 주체적인 감상과 표현의 의미가 들어가 있다고 선생님께서 말씀하셨어.

적극적이고 주체적으로 감상하는 것이 수용이고, 적극적이고 주체적으로 표현하는 것이 생산이라는 의미구나! 그런데 어떻게 적극적이고 주체적으로 감상하고 표현해?

연우

혹시 생비자(prosumer)라는 말을 들어봤니?

너 어디 외국 여행가? 혹시 외국 여행할 때 필요한 비자? 생비지는 들어봤는데… 생체 정보가 담긴 비자란 뜻이야?

연우

생비자는 생산자와 소비자를 합친 말로, 생산자이면서 소비자란 뜻이야.

너 무슨 1인 기업이라도 차렸니? 갑자기 '생산'이니 '소비'니 하는 말을 쓰고?

연우

우리가 다른 사람이 만들어 놓은 콘텐츠를 소비하기도 하지만 때로는 동영상 등을 만들기도 하잖아? 이렇게 소비도 하고 생산도 하는 사람을 생비자라고 부르는 것 같아.

아하, 소비와 생산을 동시에 해서 생비자구나! 이 말의 의미를 이해하니 적극적이고 주체적인 감상과 표현, 곧 문학 작품의 수용과 생산이라는 말의 의미를 알겠어.

연우

그렇지, 이제 우리는 문학 작품을 수동적으로 받아들이는 수용자에 그치는 것이 아니라 다른 사람이 쓴 문학 작품에 대한 깊은 이해를 바탕으로 우리의 생각과 느낌을 적극적이고 주체적으로 표현하는 생산자이기도 하다는 뜻이야.

1. 문학 작품을 어떻게 수용하고 생산하나요?

우리는 앞서 문학이란 무엇인지, 문학에는 어떤 특성이 있는지를 배웠습니다. 문학은 인간의 삶을 언어로 표현한 예술로, 인간의 사상과 감정이 오롯이 담겨 있는 그릇이라고 볼 수 있습니다. 그렇다면 문학이라는 그릇에 담긴 인간의 삶이라는 음식을 어떻게 음미할 수 있을까요? 또 내 생각과 느낌을 문학이라는 그릇에 어떻게 담을 수 있을까요?

사람은 누구나 다른 사람과 대화를 나누면서 자기의 생각을 말하고 남의 생각을 들으면서 타인과 자신을 이해합니다. 이를 의사소통이라고 하는데, 의사소통의 경로를 간단히 하면 다음과 같습니다.

화자가 말을 하면 청자는 말하는 내용을 듣습니다. 이때 화자와 청자의 대화가 이루어지는 상황을 맥락이라고 합니다. 맥락은 화자와 청자가 처한 구체적 장면(상황)을 가리키는 상황맥락과 하나의 사회 집단이 구성하고 공유하는 사회·문화적 환경을 가리키는 사회·문화적 맥락을 모두 포함합니다.

문학 작품의 수용(감상)과 생산(표현)이 이루어지는 문학적 의사소통의 경로 또한 위에서 제시한 모델과 유사합니다. 하나의 문학 작품이 있다면 그것을 쓴 작가가 있을 것이고, 그 작품을 탄생시킨 맥락(시대)이 있을 것입니다. 그리고 그 작품을 읽는 독자가 있을 것입니다.

즉, 문학적 의사소통은 작품을 매개로 한 작가, 독자, 맥락(시대) 간의 대화라고 할 수 있습니다. 친구들과 대화하다 보면 말하는 사람이 말을 잘해서 대화가 잘 되기도 하고, 듣는 사람의 호응이 좋아서 대화가 잘 이루어지기도 하고, 대화 장소의 분위기가 좋아 대화가 잘 통하기도 합니다. 문학의 경우에도 작가의 의도에 초점을 맞추어 감상하거나, 작품 자체의 형식과 내용에 초점을 두면서 감상하는 경우가 있으며, 작가가 살았던 시대를 고려해 감상하기도 하고, 또 독자 자신의 관점이나 가치관에 따라 감상하기도 합니다. 이렇게 작품을 작가, 작품, 독자, 맥락(시대)을 중심으로 감상하면 동일한 작품이라도 그 이해와 해석이 달라집니다.

중학교 교육과정*의 문학 영역에서는 '문학 작품의 수용과 생산'과 관련하여 다음과 같은 내용을 다루고 있습니다.

작품 중심의 수용과 생산

✓ 갈등의 진행과 해결 과정에 유의하여 (작품을) 감상해요. 중1

✓ 비유와 상징의 표현 효과를 바탕으로 (작품을) 수용하고 생산해요. 중1

✓ 보는 이나 말하는 이의 관점에 주목하여 작품을 수용해요. 중2

✓ 재구성된 작품을 원작과 비교하며 감상해요. 중2

맥락(시대) 중심의 수용과 생산

✓ 사회문화적 배경을 바탕으로 작품을 이해해요. 중3

✓ 과거의 삶이 반영된 작품을 오늘날의 삶에 비추어 감상해요. 중3

작가 중심의 수용과 생산

✓ 가치 있는 경험을 개성적인 발상과 표현으로 형상화해요. 중2

독자 중심의 수용과 생산

✓ 근거의 차이에 따른 다양한 해석을 비교하며 감상해요. 중3

---

* 2015 교육과정 및 2022 교육과정(2025년부터 적용)

다음은 윤동주의 시 〈오줌싸개 지도〉입니다. 각각의 감상 방법에 따라 이 시의 해석이 어떻게 달라지는지 살펴보겠습니다.

빨래줄에 걸어논
요에다 그린 지도
지난밤에 내 동생
오줌싸 그린 지도

꿈에 가본 엄마 계신
별나라 지돈가?
돈 벌러 간 아빠 계신
만주 땅 지돈가?

－윤동주, 〈오줌싸개 지도〉

1) 작품 중심으로 감상하고 표현해요

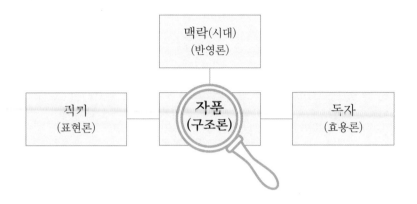

먼저, 문학 작품 자체에 초점을 두고 감상하고 표현하는 방법입니다. 이 경우 작품 외의 다른 요인(작가, 맥락(현실), 독자)은 배제하고 작품의 표현과 구조 등을 중심으로 감상하고 표현합니다. 〈오줌싸개 지도〉를 작품 중심으로 파악해봅시다.

이 시는 2연으로 구성되어 있는데, 1연에서 동생이 이불에 오줌을 싼 상황을 보여준 후 2연에서 그에 대한 감정과 정서를 드러내고 있다. 앞부분에 자연경관이나 사물 또는 상황에 대한 묘사를 먼저 하고, 뒷부분에 자기의 감정이나 정서를 그려내는 것이다. 또한, 이 시의 각 연은 2개의 문장으로 구성되어 있는데, 1연에서는 '~그린 지도'로 끝나는 문장이, 2연에서는 '~지돈가?'로 끝나는 문장이 반복되면서 운율을 형성하고 메시지를 간결하게 제시하고 있다. 경제적인 문제 때문에 이별할 수밖에 없는 어느 가정의 비극사를 어린이 화자의 눈과 입을 통해 간결하게 보여주는 것도 이 작품의 특징이라고 볼 수 있다.

위의 글은 〈오줌싸개 지도〉를 작품 중심으로 읽은 것입니다. 시의 구조, 시의 화자, 시의 표현 등을 중심으로 읽는 것이 작품 중심으로 읽는 것이죠. 이렇게 읽을 때는 작가의 의도나 시대적 맥락, 독자의 반응 등은 고려하지 않고, 시의 구조와 특성을 중심으로 감상합니다.

작품 중심의 감상 방법으로는 문학 작품에서 말하는 이의 관점 파악, 갈등의 진행과 해결 과정 이해, 원작과 재구성된 작품의 비교, 비유와 상징의 표현 효과 이해 등이 있습니다.

2) 작가 중심으로 감상하고 표현해요

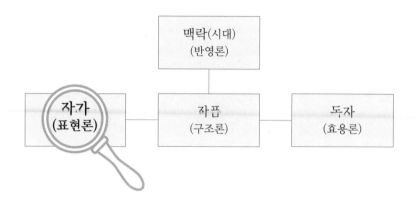

　문학 작품을 감상하고 표현할 때 작가의 생애나 사상, 작품 창작 의도 등을 중심으로 할 수 있습니다. 작품의 내적 구조나 작품을 둘러싼 현실보다 작가의 생애, 작가의 가치관, 작가의 의도 등을 중심으로 감상하고 표현하는 방법입니다. 작가 중심의 관점으로 보자면 문학 작품에는 작가의 삶이 깃들어 있고, 작가는 문학 작품에 자기 생각과 창작 의도를 심어 놓았기에, 독자가 문학 작품을 읽으며 작가의 생각과 창작 의도를 읽어내는 것이 이 감상 방법의 특징이라고 할 수 있습니다. 〈오줌싸개 지도〉를 작가 중심으로 감상해볼까요?

　윤동주는 1917년 북간도 명동촌에서 태어났다. 당시 명동촌은 민족 교육, 독립운동, 신앙생활을 지향하는 조선인 공동체의 터전이었다. 윤동주가 어려운 식민지 상황에서도 문학을 통해 시대와 삶의 방향성을 모색하게 된 바탕에는 명동촌에서 성장한 유년 시절의 기억이 있었다. 명동촌에서의 경험과 인식이 잘 드러난 작품이 〈오줌싸개 지도〉이다.

윤동주는 〈오줌싸개 지도〉에 북간도 생활을 하면서 마주했던 민족의 불행한 현실을 담담하게 그리고 있다. 윤동주는 이 시를 통해 어머니가 이미 세상을 떠난 상황에서, 아버지는 일자리가 없어 어린아이들을 두고 만주로 떠날 수밖에 없는 당시의 비극적 현실을 보여주고자 했다.

위 감상문에서 〈오줌싸개 지도〉를 해석하는 토대가 된 것은 윤동주가 북간도 명동촌에서 살았다는 전기적인 사실입니다. 윤동주의 삶과 생각에 비추어 작품을 해석한 것이죠. 이렇듯 작가 중심의 감상은 작가가 어떻게 살았는지, 작가가 가졌던 평소의 생각이 무엇이었는지, 작가가 작품을 썼을 때의 생각이나 가치관, 관심사 등을 근거로 감상합니다. 작품을 창작한 작가가 어떤 삶을 살았는지를 파악하고 이를 바탕으로 작품을 감상 및 해석할 때 적극적인 작가 중심의 감상과 비평이 이루어질 수 있습니다.

다음 인용은 윤동주의 작가 연보입니다. 연보란 태어나서 죽을 때까지의 행적을 시간순으로 나열해 놓은 것입니다. 연보를 보면 《카톨릭 소년》 1937년 1월호에 〈오줌싸개 지도〉를 발표한 것으로 나와 있습니다. 위에서 〈오줌싸개 지도〉를 윤동주가 북간도에서 살았던 삶을 바탕으로 창작한 시라고 해석했는데, 이 연보는 그 해석을 뒷받침하는 근거가 될 수 있습니다.

1935. 은진중학교 4학년 1학기를 마치고 평양 숭실중학교 3학년 2학기
로 편입.

숭실학교 YMCA문예부 잡지 《숭실활천》 제15호(1935.10)에 시
〈공상〉 발표.

1936. 신사참배 강요 등의 이유로 숭실학교 자퇴 후 용정으로 돌아와 광
명학원 중학부 4학년에 편입.

잡지 《카톨릭 소년》 11월, 12월호에 필명 윤동주(尹童柱)로 동시
〈병아리〉, 〈빗자루〉 발표.

1937. 필명 윤동주로 《카톨릭 소년》 1월, 3월, 10월호에 동시 **〈오줌싸
개지도〉**, 〈무얼먹고 사나〉, 〈거짓부리〉 발표.

100부 한정판으로 발행된 백석 시집 《사슴》을 필사하여 소장.

3) 맥락(시대) 중심으로 감상하고 표현해요

'문학 작품은 시대의 산물'이라는 말이 있습니다. 이 말에는 문학 작품을 쓴 것은 작가지만 그 작가가 그렇게 글을 쓸 수밖에 없도록 만든 시대가 있었기에 문학 작품이 나올 수 있었다는 생각이 깃들어 있습니다. 이렇게 본다면 문학 작품뿐 아니라 그 작품을 쓴 작가도 특정한 시대가 만들어낸 특정한 인물이라고 볼 수 있습니다.

일제는 1930년대 만주를 정복한 후 그곳에 괴뢰 정권을 세우고 조선인들을 강제 이주시켰다고 한다. 1937년부터 1943년까지 만주로 강제로 이주당한 한인은 모두 9만 1천여 명에 달했으며, 자발적인 이민자도 1938년~1942년 동안 4만 9천여 명에 달했다고 한다.

〈오줌싸개 지도〉는 당시 역사적 상황과 민족이 처한 현실을 잘 보여주는 작품이다. 시에 등장하는 아빠는 강제 이주자라기보다는 돈을 벌기 위해 만주로 간 자발적 이민자처럼 보인다. 강제 이주를 당한 것은 아니지만 비극적인 민족의 현실 탓에 가족이 이별하게 되어서 더욱 슬프게 느껴진다. 아이들의 눈을 통해 담담하게 그려진 당시의 현실이 더욱 가슴 아프게 느껴진다.

위 감상문은 당시의 역사적 상황을 토대로 작성되었습니다. 그냥 읽었을 때는 막연한 슬픔이 느껴졌는데, 역사적 상황을 알고 나니 작품에 담담하게 묘사된 모습들이 더욱 슬프게 느껴지네요. 이렇듯 작품에 표현된 시대적 상황이나 맥락을 이해하면 작품을 더욱 깊이 있게 이해할 수 있습니다.

아래 표와 같은 통계 자료 등을 활용하면 1920~1930년대 조선인의 만주 이주와 관련된 상황을 더욱 잘 이해할 수 있습니다. 또 이를 바탕으로 문학 작품을 맥락(시대) 중심으로 감상할 때, 문학 작품에 드러난 표현은 그 당시의 시대적 문화적 맥락(상황)을 반영하고 있음을 알 수 있습니다. 작가의 표현뿐 아니라 의도 또한 어떤 시대의 영향을 받아 표현되었다고 생각하는 것이 맥락(시대) 중심의 감상법이라 할 수 있습니다. 이 경우에는 작품과 맥락(시대)과의 관계를 중심으로 감상하는 것이 좋습니다.

년	만주 이주민	조선 귀환 이주민	증감
1910	43,418	–	(+) 43,418
1912			
1913	16,514	2,428	(+) 14,086
1914	8,380	1,800	(+) 6,580
1915	11,100	3,956	(+) 7,144

1916	9,208	8,064	(+) 144
1917	12,713	6,169	(+) 6,544
1918	32,438	5,936	(+) 26,502
1919	37,135	4,141	(+) 32,994
1920	15,568	10,285	(+) 5,283
1921	7,481	8,108	(−) 627
1922	6,704	1,630	(+) 5,076
1923	5,904	6,824	(−) 920
1924	7,995	6,765	(+) 1,230
1925	6,691	7,277	(+) 586
1926	15,974	9,027	(+) 6,947
1927	23,640	10,516	(+) 13,124
1928	14,725	15,146	(−) 421
1929	9,889	10,958	(−) 1,069
1930	6,745	12,354	(−) 5,609
1931	4,135	13,699	(−) 4,135
합계	296,359	134,983	잔류 161,376

(단위: 명)

1932년 7월 18일 조선총독부외사과장이 제공한 자료이다. 조선총독부 국경경찰관의 통계에 의한 것이어서 국경을 넘은 밀출국자가 있음에도 만주이주자를 과소하게 보고 있는 것이라 할 수 있다.

– 유원숙, 「1930년대 日帝의 조선인 만주 이민정책 연구」, 역사와 세계, 629면에서 재인용

4) 독자 중심으로 감상하고 표현해요

문학 작품을 감상하고 표현하는 또 다른 방법으로 독자의 능동적 읽기를
강조한 방법이 있습니다. 동일한 작품이라도 글을 감상하는 독자의 지식,
경험, 가치관 등에 따라 다양한 해석과 평가가 이루어질 수 있습니다. 즉,
작품에 대한 독자의 반응이 중심이 되는 읽기 방법이라 할 수 있습니다.

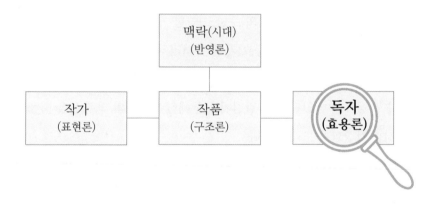

〈오줌싸개 지도〉라는 시를 읽고 어린 시절 아버지의 사업 실패로
부모님과 떨어져 시골의 할머니 댁에서 살았던 경험이 떠올랐다. 시
가 마치 내 이야기 같았다. 나는 부모님과 멀리 떨어져 지내도 발달한
교통 덕에 몇 달마다 가끔 부모님을 뵐 수 있어서 위안이 되었지만,
교통이 발달하지 않았던 당시 상황을 고려하면 아이들이 아빠를 거의
보지 못했을 것이라는 생각이 들어 마음이 아팠다. 더구나 아빠가 만

> 주로 돈 벌러 간 이유가 일본이 우리나라를 강제로 병합하면서 일자
> 리가 없어졌기 때문이라는 국사 선생님의 말씀을 듣고 분하면서도 슬
> 펐다.

위 감상문은 시의 내용이 독자의 경험을 떠올리게 하고, 독자가 이를 바탕으로 시의 내용을 이해하는 과정을 보여주고 있습니다. 이 시를 읽은 모든 사람이 경제적 문제나 일제의 수탈로 인한 가족 간의 이별을 경험한 것은 아니지만, 바이러스 감염 등으로 인한 격리처럼 어떤 피치 못할 문제로 가족과 이별하는 경험을 떠올리면서 이 시를 감상할 수도 있습니다. 또는 국사 수업 등에서 배웠던 일제 강점기에 행해졌던 일제의 만행 등을 떠올리면서 시를 감상할 수도 있습니다.

윤동주의 개인사나 윤동주가 살았던 시대적 상황을 고려하지 않고 이 시를 읽었을 때는 경제적인 문제로 인한 가족 간의 이별을 다룬 작품처럼 읽힙니다. 그러나 시인의 개인사나 시대적 상황을 알고 이 작품을 읽으면 일제 강점기에 생존을 위해 만주로 이주해야 했던 민족의 암울하고 슬픈 역사를 읽을 수 있을 것입니다. 또 독자 개인의 경험을 투영하여 이 작품을 읽으면 어떤 독자에게는 어린 시절의 장난스러운 사건으로, 또 어떤 독자에게는 남에게는 쉽게 말할 수 없는 가족의 아픔으로 읽힐 것입니다. 이처럼 문학 작품은 어떤 관점에서 읽느냐에 따라 전달하는 의미가 달라질 수 있으며, 독자는 다양한 관점에서 새롭게 해석할 수 있습니다.

풀어 볼까? 문제!

1. 다음은 문학 작품을 수용하고 생산하는 4가지 관점입니다. 아래의 빈칸을 채워
   보세요.

2. 다음 방법으로 문학 작품을 감상했을 때, 감상자는 문학적 의사소통 요소 중에서
   어떤 요소를 우선시한 것인지 말해봅시다.

> 내 마음은 호수요
>
> 그대 저어 오오
>
> 나는 그대의 흰 그림자를 안고 옥같이
>
> 그대의 뱃전에 부서지리다
>
> —김동명, 〈내 마음은〉에서

'내 마음'을 호수에 비유하면서 동시에 '그대'를 '배'에 비유하고 있습니다. 호수가 배에 부딪혀 부서지듯이, 내 마음도 그대에게 안겨 그대의 품에서 부서지고 싶다는 것이 1연의 내용입니다. 빠른 속도로 배가 호수를 가르는 상황을 떠올리면 이 구절의 의미를 쉽게 이해할 수 있습니다. 배가 빠른 속도로 호수를 가를 때, 갈라진 물결은 흰 물거품과 함께 강하게 뱃전에 부딪힙니다. 그대와 함께 있고 싶었던 화자의 간절한 마음이 호수와 배의 관계를 통해 표현된 것입니다. 이런 측면에서 이 구절은 그대에게 안기고픈 간절한 마음을 늘 뱃전에 안기는 호수에 빗대어 표현하고 있습니다.

정답

1. ㉠-작가, ㉡-반영론, ㉢-작품, ㉣-효용론

2. 작품

2. 문학 작품을 다양한 관점에서 수용하고 생산해요

두 사람 앞에 놓인 숫자는 '6'일까요 아니면 '9'일까요?

작품 중심으로 감상하고 표현해요

1) 보는 이나 말하는 이의 관점에 주목하여 작품을 수용해요

그림의 두 사람 앞에 놓인 숫자는 6일까요? 아니면 9일까요? 6일 수도 있고 9일 수도 있습니다. 왼쪽에서 보면 6이고, 오른쪽에서 보면 9입니다. 이처럼 보는 이의 위치나 말하는 이에 따라 같은 모양의 숫자라도 다르게 보일 수 있습니다.

어떤 선생님이 수업 시간에 학생들에게 "개미를 세 부분으로 나누면?"이라고 물었습니다. 이에 대해 두 학생이 다음과 같이 답했습니다.

A: 개미는 머리, 몸통, 배로 나눠집니다.
B: 개미는 죽습니다.

질문을 한 선생님이 생물 선생님이라면 A처럼 답하기를 원했을 것입니다. 그렇다면 B는 완전히 틀린 답변일까요? B의 답이 친구들을 웃기려고 한 것이라면 그 목적을 달성했을 때 완전히 틀린 답이라고 할 수 없지 않을까요? 물론 문해력 차원에서 보자면, B가 질문의 상황이나 맥락을 잘못 이해한 것으로 볼 수 있습니다. 그렇지만 과학 지식 차원이 아니라 현실적 차원에서 답한 것이라면 틀렸다고 볼 수 없습니다. 이처럼 질문이나 상황을 어떻게 보느냐에 따라 그에 대한 답변이 달라지는 것을 알 수 있습니다.

사람의 생각과 감정을 언어로 표현한 문학 작품 또한 그것을 누가 보고 말하느냐에 따라 전달하는 내용이나 작품의 분위기가 달라집니다. 《아기 돼지 삼 형제》 이야기를 예로 들어보겠습니다.

우리에게 알려진 《아기 돼지 삼 형제》는 아기 돼지의 관점에서 진술되며, 늑대는 돼지 삼 형제에게 해를 끼치는 역할로 등장합니다. 하지만 이 이야기를 늑대의 관점에서 서술한 《늑대가 들려주는 아기 돼지 삼 형제 이야기》(존 셰스카, 보림)는 제목처럼 늑대의 관점에서 서술됩니다. 늑대는 돼지들에게 할머니 생일 케이크를 만들 설탕을 빌리러 갔다가 자신의 재채기에 죽은 돼지를 먹었을 뿐이라고 진술합니다. 자기는 돼지들을 해칠 생각이 없었고, 여러분이 눈앞에 있는 맛있는 피자나 햄버거를 그냥 두지 않듯이 자신의 눈앞에 놓여 있는 햄을 지나칠 수 없어 먹었을 뿐이라며 늑대는 억울해합니다.

이처럼 누가 진술하는가에 따라 작품의 내용, 분위기, 주제 등이 달라질 수 있습니다. 《아기 돼지 삼 형제》의 주제가 '평소에 준비하고 있으면 어려움을 당했을 때 그 어려움을 극복할 수 있다'라면, 늑대의 관점에서 진술된 《늑대가 들려주는 아기 돼지 삼 형제 이야기》는 '언론 때문에 욕을 먹은 늑대는 억울해요'라고 볼 수 있겠네요.

이처럼 문학 작품은 '누가 보는가', '누가 말하는가'에 따라 전달하는 내용이나 작품의 분위기가 크게 달라질 수 있습니다. 이렇게 보는 이 또는 말하는 이에 따라 전달 내용이나 분위기가 달라지는 것을 파악하기 위해서는 다음과 같은 세 가지 사항에 유의하여 작품을 살펴볼 필요가 있습니다.

- 보는 이나 말하는 이가 누구인가?
- 보는 이나 말하는 이는 어떤 특성이 있는가?
- 보는 이나 말하는 이의 특성이 작품 전체의 주제나 분위기에 어떤 효과를 미치는가?

그럼, 지금부터 문학 작품에서 보는 이나 말하는 이의 관점에 주목하여 작품을 수용해보겠습니다. 특히 문학의 대표적인 갈래인 시와 소설에서 보는 이나 말하는 이의 관점에 주목하여 작품을 감상해보세요.

(가) 시의 화자

(1) 시에서 말하는 이, 시적 화자

시에서 말하는 이를 '시적 화자'라고 부르는데, '시적 자아' 또는 '서정적 자아*'라고도 합니다. 시적 화자는 시인이 시를 이끌어 가기 위해 만들어낸

---

* 많은 시가 생각이나 느낌, 곧 주관적인 정서를 읊고 있기 때문에 '시' 하면 대개 서정시를 떠올립니다. 그래서 서정시에서 말하는 이를 가리키는 '서정적 자아'라는 용어를 폭넓게 쓰게 된 것이죠.

대리인으로 시인과 동일시되기도 하지만, 시인과 시적 화자가 일치하지 않는 경우도 많습니다.

> 만일 당신이 아니 오시면 나는 바람을 쐬고 눈비를 맞으며 밤에서 낮까지 당신을 기다리고 있습니다.
> 당신은 물만 건너면 나를 돌아보지도 않고 가십니다그려.
> 그러나 당신이 언제든지 오실 줄만은 알아요.
> 나는 당신을 기다리면서 날마다 날마다 낡아갑니다.
>
> 나는 나룻배
> 당신은 행인.
>
> ─한용운, 〈나룻배와 행인〉에서

　인용 시는 한용운 시인의 〈나룻배와 행인〉입니다. 그런데 시의 화자는 사람이 아닌 '나룻배'입니다. 만약 이 시의 화자가 '나룻배'가 아니라 사람이었다면 어떤 어려움 속에서도 자신을 버리고 간 당신을 기다리는 마음이 덜 전달되었을 것입니다. 시인은 '나룻배'를 화자로 삼아 밤낮으로 사랑하는 연인을 기다리는 마음을 인상적으로 표현하고 있습니다. 이처럼 시를 창작한 시인과 그 시의 화자는 다를 수가 있다는 것에 유의하여 시를 감상할 필요가 있습니다.

(2) 말하는 이의 특성, 어조

'말 한마디로 천 냥 빚을 갚는다'는 말의 중요성을 보여주는 조상들의 지혜가 담긴 속담입니다. 이 속담은 같은 말이라도 말을 어떻게 하느냐에 따라 듣는 사람이 받아들이는 정도가 다르다는 지혜를 담고 있습니다. 특히 내용도 내용이지만 말하는 사람의 상황이나 태도에 따라 같은 말이 다르게 느껴질 수 있습니다. 시에서도 말하는 이의 말투나 말에서 느껴지는 분위기나 느낌이 달라질 수 있습니다. 이때 말하는 이의 말투나 말에서 느껴지는 분위기나 느낌을 어조라고 합니다. 어조는 시에서 말하는 이가 어떤 특성이 있는지를 나타냅니다.

앞서 살펴본 〈나룻배와 행인〉에서 '나룻배'는 자신을 버리고 간 '당신'을 원망하거나 미워하지 않습니다. 대신 당신을 공경하면서 당신이 돌아오기만을 간절히 바라는 어조로 자신의 처지와 생각을 표현하고 있습니다. 만약 나룻배가 당신에게 따지는 어투로 말했다면 아마도 이 시의 감동은 덜 했을 것입니다.

(3) 분위기와 주제를 형성하는 어조

남으로 창을 내겠소.
밭이 한참갈이
괭이로 파고
호미론 풀을 매지요.

구름이 꼬인다 갈 리 있소.

새 노래는 공으로 들으랴오.

강냉이가 익걸랑

함께 와 자셔도 좋소.

왜 사냐건

웃지요.

-김상용, 〈남으로 창을 내겠소〉

시를 읽으면서 화자가 어떻게 말하는가, 곧 화자의 어조를 주의 깊게 살펴야 하는 이유가 있습니다. 시의 어조는 시를 이해하는 데 중요한 단서가 되는 시의 분위기와 정서를 만듭니다. 또한 시의 어조가 만들어내는 시 전체의 분위기와 정서가 시의 주제를 형성하는 데 큰 역할을 하기 때문입니다.

인용 시는 괭이로 밭을 파고 호미로 풀을 매는 등 소박한 시골살이를 보여줍니다. 2연에서는 강냉이가 익는 시절에 함께 와서 강냉이를 먹어도 좋다며 이를 즐기자고 권유하고 있네요. 압권은 마지막 연인데, 화자는 '웃지요'라는 단 한 마디로 전원생활에 대한 정서와 태도를 드러내고 있습니다. 화자는 전원생활을 하는 이유를 구체적으로 말하지 않고 웃음으로 답하는데, 여기에서 화자의 현실을 달관한 태도를 읽어낼 수가 있습니다. 그리고 화자는 이런 태도를 통해 현실에서 벗어나 자연과 더불어 생활하는 전원생활에 대한 동경과 만족이라는 주제를 드러내고 있습니다. 화자의 담백하고 함축적인 어조는 이 시의 분위기를 압축적으로 표현하면서 동시에 시의 주제를 드러내는 데에 큰 역할을 하고 있네요.

(나) 소설의 서술자

소설에서 독자에게 이야기를 전달하고 말하는 이를 서술자라고 합니다. 서술자는 작가가 만들어낸 허구적 대리인으로서 소설 속의 사건과 이야기를 전달해주는 이를 가리킵니다. 시에서 시인과 시적 화자를 구분하듯이 소설에서도 글을 쓴 작가와 소설 속에서 말하는 서술자를 구분합니다.

(1) 소설에서 이야기를 서술해 나가는 방식이나 관점, 시점

소설에서 서술자가 이야기를 풀어나가는 방식이나 관점을 시점이라고 합니다. 앞에서 본 것처럼 같은 숫자도 보는 위치나 각도에 따라 다른 숫자로 보이듯이, 소설에서도 서술자가 어떤 위치에서 어떤 태도로 인물과 사건에 대해 전달하느냐에 따라 읽는 사람이 다르게 느낄 수 있습니다. 작가는 소설의 내용을 독자들이 더 실감 나게 받아들일 수 있도록 서술자를 만들어

냅니다. 소설의 시점은 크게 다음과 같은 두 가지 기준에 따라 나뉩니다.

- 서술자의 위치는 어디인가?
- 서술자의 태도는 어떠한가?

우선 서술자가 소설 속에 있는지 아니면 소설의 바깥에 있는지에 따라 1인칭 시점과 3인칭 시점으로 나뉩니다. 소설 속에서 '나'라는 인물이 등장하여 이야기를 전하면 '1인칭 시점'이고, '나'라는 인물 없이 서술자가 소설 밖에서 등장인물에 대해 말한다면 '3인칭 시점'입니다.

또 서술자가 인물에 대해 서술하는 태도에 따라서도 구분할 수 있습니다. 서술자가 주인공으로서 자신의 이야기를 풀어내면 주인공 시점, 서술자가 외부 관찰자의 관점에서 사건을 전달하면 관찰자 시점, 서술자가 인물과 사건에 대해 전지전능한 신처럼 모든 것을 알고 있다는 듯이 말하면 전지적 시점으로 나눌 수 있습니다.

태도 〳 위치	소설 안	소설 밖
속마음까지 제시	1인칭 주인공 시점	전지적 작가 시점
사건이나 인물을 관찰	1인칭 관찰자 시점	3인칭 관찰자 시점

(2) 시점의 특성과 효과

- 보는 이나 말하는 이가 누구인가?
- 보는 이나 말하는 이는 어떤 특성이 있는가?
- 보는 이나 말하는 이의 특성이 작품 전체의 주제나 분위기에 어떤 효과를 미치는가?

보는 이 또는 말하는 이에 따라 전달 내용이나 분위기가 달라지는 것을 파악하기 위해서 고려할 사항을 다시 떠올려 볼까요? 또 각 시점에 대한 예시를 살펴보면서 각 시점의 특성과 효과를 파악해볼게요.

① 1인칭 주인공 시점

1인칭 시점은 작품 내부에 서술자가 있는 것이고, 1인칭 주인공 시점은 그 서술자가 주인공인 경우를 말합니다. 작품 속 주인공인 '나'가 서술자가 되어 자신의 이야기를 풀어내는 것이지요.

나는 보다 못하여 덤벼들어서 우리 수탉을 붙들어 가지고 도로 집으로 들어왔다. 고추장을 좀 더 먹였더라면 좋았을 걸, 너무 급하게 쌈을 붙인 것이 퍽 후회가 난다. 장독께로 돌아와서 다시 턱 밑에 고추장을 들이댔다. 흥분으로 말미암아 그런지 당최 먹질 않는다.

나는 하릴없이 닭을 반듯이 눕히고 그 입에다 궐련 물부리를 물리

었다. 그리고 고추장 물을 타서 그 구멍으로 조금씩 들이 부었다. 닭
은 좀 괴로운지 킥킥하고 재채기를 하는 모양이나 그러나 당장의 괴
로움은 매일 같이 피를 흘리는 데 멜 게 아니라 생각하였다.

－ 김유정, 《동백꽃》에서

　1인칭 주인공 시점은 주인공인 '나'가 사건과 갈등을 이끌어 나갑니다.
김유정의 《동백꽃》를 보면 주인공인 '나'가 점순네 닭과 싸울 때마다 지
기만 하는 우리 집 수탉에게 고추장을 먹이는 장면이 나옵니다. 이 장면은
1인칭 주인공 시점으로 서술되어 '나'의 행동과 심리가 잘 나타나 있습니
다. 고추장을 먹으면 약한 닭이 힘을 내어 점순네 닭을 이겨낼 수 있다고 생
각하는 주인공을 보고 독자는 주인공의 순진하면서도 어리석은 특성을 읽
어낼 수 있습니다.

　또한, 1인칭 주인공 시점은 '나'의 이야기를 하기에 주인공의 내면을 효
과적으로 드러낼 수 있습니다. 여기에서도 '당장의 괴로움은 피를 흘리는

델 게 아니라 생각하였다'와 같이 주인공의 심리가 잘 서술되어 있습니다. 이렇게 1인칭 주인공 시점에는 말하는 이의 심리가 자세히 묘사되어 있어 독자가 화자에게 감정 이입하기 좋고 그만큼 작품에 몰입하기도 쉽습니다. 1인칭 주인공 시점은 말하는 이의 내면 심리뿐만 아니라 말하는 이의 과거와 현 상황을 자세하게 묘사할 수 있다는 장점이 있습니다. 이 소설에서 주인공 시점으로 기술된 '나'의 순진하면서도 어리석은 특성은 점순이와의 갈등을 만들고 고조시키는 중요한 역할을 합니다. 자신의 마음을 몰라주는 '나'에 대한 서운함이 점순이가 우리 집의 닭을 괴롭힌 원인이었고, 그것을 보다 못한 '나'가 점순네 닭을 때려서 죽이게 되면서 갈등은 최고조에 이르게 됩니다.

② 1인칭 관찰자 시점

1인칭 관찰자 시점은 작품 속에서 주변 인물인 '나'가 다른 인물의 말과 행동을 관찰하여 전달하는 경우입니다. 여기에서 '나'는 중심적인 인물이 아니라 주인공과 그를 둘러싼 세계를 관찰하는 주변 인물입니다.

예배당에 가서 찬미하고 기도하다가 기도하는 중간에 갑자기 나는 '혹시 아저씨두 예배당에 오지 않았나?' 하는 생각이 나서 눈을 뜨고 고개를 들어 남자석을 바라다보았습니다. 그랬더니 하, 바로 거기에 아저씨가 와 앉아 있겠지요. 그런데 아저씨는 어른이면서도 눈 감고 기도하지 않고, 우리 아이들처럼 눈을 번히 뜨고 여기저기 두리번두리번 바라봅니다. 나는 얼른 아저씨를 알아보았는데 아저씨는 나

를 못 알아보았는지, 내가 빙그레 웃어 보여도 웃지도 않고 멀거니 보고만 있겠지요. 그래, 나는 손을 흔들었지요. 그러니까 아저씨는 얼른 고개를 숙이고 말더군요. 그때, 어머니가 내가 팔 흔드는 것을 깨닫고 두 손으로 나를 붙들고 끌어당기더군요. 나는 어머니 귀에다 입을 대고, "저기 아저씨두 왔어." 하고 속삭이니까, 어머니는 흠칫하면서 내 입을 손으로 막고 막 잡아끌어다가 옆에 앉히고 고개를 누르더군요. 보니까 어머니도 얼굴이 홍당무처럼 빨개졌더군요.

－주요섭,《사랑손님과 어머니》에서

《사랑손님과 어머니》에서 이야기를 이끌어가면서 서술하는 존재는 '나(옥희)'입니다. 그런데 자세히 살펴보면 '나'의 생각이나 느낌이 아니라 아저씨나 엄마의 행동을 중심으로 서술하고 있다는 것을 알 수 있습니다.

'나'가 중심인물들의 행동을 관찰하는 것이지요.

1인칭 관찰자 시점에서의 서술자는 관찰자, 즉 부수적 인물로 등장합니다. 《사랑손님과 어머니》에서 '나'는 '어머니'와 '아저씨'가 만나서 헤어지는 과정을 독자에게 전달하는 역할을 합니다. 그런데 '나'는 어린 유치원생이기 때문에 어머니와 아저씨의 마음을 잘 전달하지 못합니다. 예를 들어, 아저씨가 예배당에서 고개를 숙이고, 어머니의 얼굴이 홍당무처럼 빨개진 이유를 알지 못합니다.

즉, 1인칭 관찰자 시점에서 서술자는 1인칭 주인공 시점처럼 주인공의 심리를 정확하게 서술하기는 어렵습니다. 특히 작품 속의 '나'가 보지 못하거나 알지 못하는 것은 독자에게 전달되기가 어렵습니다. 관찰자의 서술은 짐작이기에 틀릴 가능성이 있고, 관찰자의 가치관에 따라 사건을 주관적으로 전달할 가능성도 큽니다. 〈사랑손님과 어머니〉에서 관찰자인 '나'는 아저씨의 얼굴이 홍당무처럼 빨개진 것을 화가 나서 그런 것이라고 오해하기도 합니다. 하지만 1인칭 관찰자 시점은 1인칭 주인공 시점에 비해 훨씬 객관적인 태도를 지니고 있습니다.

그렇다면 왜 작가는 이 소설에서 믿음직하지 못한 '나(옥희)'를 서술자로 내세웠을까요? 세상을 잘 모르는 어린아이의 시각에서 아저씨와 어머니의 관계를 진술하면, 너무나 뻔해서 재미가 없을 이야기를 재미나게 제시할 수 있습니다. 또 등장인물의 속마음을 직접적으로 드러내지 못하기 때문에 읽는 독자에게 독특한 긴장감과 재미를 줄 수도 있습니다.

③ 전지적 작가 시점

빗소리를 들을 때마다 원구에게는 으레 동욱과 그의 여동생 동옥이 생각나는 것이었다. 그들의 어두운 방과 쓰러져 가는 목조 건물이 비의 장막 저편에 우울하게 떠오르는 것이었다. 비록 맑은 날일지라도 동욱의 오뉘의 생활을 생각하면, 원구의 귀에는 빗소리가 설레고 그 마음 구석에는 빗물이 스며 흐르는 것 같았다. 원구의 머릿속에 떠오른 동욱과 동옥은 그 모양으로 언제나 비에 젖어 있는 인생들이었다.

–손창섭, 《비오는 날》에서

전지적 작가 시점은 작품 밖의 서술자가 모든 것을 알고 있는 신과 같은 위치에서 인물의 모든 것을 파악해 서술하는 방식입니다. 전지적 작가 시점의 서술자는 등장인물의 내면 심리뿐 아니라 말과 행동, 과거에 겪었던 사건, 미래의 사건 등을 모두 알고 있는 전지적인 존재로 나타납니다.

원구가 빗소리를 들으며 동욱과 동옥을 떠올리는 이 장면에서 작품 밖에 있는 서술자는 원구의 마음속을 들여다보는 것처럼 이야기하고 있습니다. 서술자는 작품 밖에서 빗소리가 떠오르게 하는 우울한 장면과 그에 따른 심리를 마치 원구 자신이 이야기하는 것처럼 진술하고 있는 것이지요.

전지적 작가 시점 속 화자는 작가 자신입니다. 그래서 다른 시점 서술과 비교해 작가의 사상이나 가치관 등을 강하게 담아낼 수도 있죠. 다양한 사건과 인물이 등장하더라도 화자가 여러 인물에게 초점을 옮겨가며 서술할 수 있으므로 여러 인물이 처한 상황에 대한 묘사가 가능합니다. 많은 인물이 등장하는 장편소설에서 자주 사용됩니다. 다만 소설 속 초점이 인물 사이를 오가다 보니 산만해질 여지가 있고, 작가가 모든 인물의 심리를 꿰뚫어 서술하기 때문에 독자의 상상력을 제한해 상대적으로 긴장감이 떨어질 수도 있습니다.

④ 3인칭 관찰자 시점

3인칭 관찰자 시점에서 서술자는 소설 바깥에서 소설 속 등장인물과 세계를 관찰하고 그 내용을 서술합니다. 서술자가 작품 밖에 있다는 점에서 전지적 작가 시점처럼 3인칭이지만, 서술자가 등장인물의 겉으로 드러난 말과 행동을 객관적으로 보여주기만 한다는 점에서 차이가 있습니다.

　달은 부드러운 빛을 흐뭇이 흘리고 있다. 대화까지는 팔십 리의 밤길, 고개를 둘이나 넘고 개울을 하나 건너고 벌판과 산길을 걸어야 된다. 길은 지금 긴 산허리에 걸려 있다. 밤중을 지난 무렵인지 죽은 듯이 고요한 속에서 짐승 같은 달의 숨소리가 손에 잡힐 듯이 들리며, 콩포기와 옥수수 잎새가 한층 달에 푸르게 젖었다. 산허리는 온통 메밀밭이어서 피기 시작한 꽃이 소금을 뿌린 듯이 흐뭇한 달빛에 숨이 막힐 지경이다. 붉은 대궁이 향기같이 애잔하고 나귀들의 걸음도 시원하다. 길이 좁은 까닭에 세 사람은 나귀를 타고 외줄로 늘어섰다. 방울 소리가 시원스럽게 딸랑딸랑 메밀밭께로 흘러간다.

—이효석,《메밀꽃 필 무렵》에서

인용한 내용은《메밀꽃 필 무렵》의 일부분으로 주인공인 허생원과 동이가 달밤에 산을 넘어가는 대목입니다. 어두운 밤에 달빛을 받아 하얗게 피어있는 메밀꽃밭과 그곳을 지나는 인물들의 모습을 마치 언어로 그림을 그린 것처럼 묘사하고 있습니다. 서술자의 생각이나 느낌을 드러내지 않고 등장인물과 배경을 객관적으로 보여주고 있습니다.

이처럼 3인칭 관찰자 시점은 서술자가 객관적인 태도로 눈으로 보는 것만을 서술하며 해설이나 평가는 하지 않으므로 극적인 효과를 얻을 수 있습니다. 서술자가 주관적인 판단이나 설명을 하지 않으므로 독자는 서술자가 객관적인 태도로 진술한 것을 통해 사건 전개나 작가의 의도에 대해 적극적으로 상상하면서 의미를 찾아내야 합니다.

시점에 유의하여 문학 작품을 감상할 때 한 가지 생각해볼 점이 있습니다. 한 소설에 하나의 시점만 등장하는 것이 아니라는 점입니다. 시의 모든 부분이 비유로 이루어져 있지 않듯이, 어떤 시점이 전체적으로는 도드라지지만, 부분적으로는 다른 시점이 나올 수도 있습니다. 꼭 처음부터 끝까지 같은 시점으로 구성되어 있지 않을 수 있음을 알아둘 필요가 있습니다.

이것만은 알아 두세요

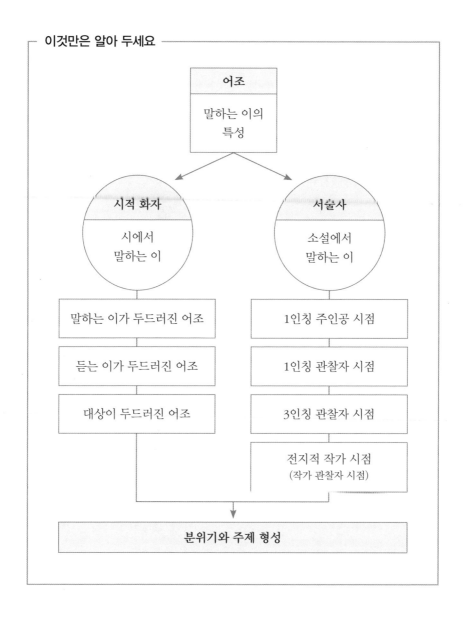

어조

말하는 이의
특성

시적 화자

시에서
말하는 이

서술자

소설에서
말하는 이

말하는 이가 두드러진 어조

듣는 이가 두드러진 어조

대상이 두드러진 어조

1인칭 주인공 시점

1인칭 관찰자 시점

3인칭 관찰자 시점

전지적 작가 시점
(작가 관찰자 시점)

분위기와 주제 형성

풀어 볼까? 문제!

1. 시에서 말하는 이를 가리키는 용어는 무엇일까요?

2. 다음 글을 읽고 ㉠과 ㉡의 시점을 써보세요.

이날이야말로 동소문 안에서 인력거꾼 노릇을 하는 김첨지에게는 오래간만에도 닥친 운수 좋은 날이었다. ㉠ 문 안에 (거기도 문밖은 아니지만) 들어간답시는 앞집 마나님을 전찻길까지 모셔다 드린 것을 비롯하여 행여나 손님이 있을까 하고 정류장에서 어정어정하며 내리는 사람 하나하나에게 거의 비는 듯한 눈길을 보내고 있다가, 마침내 교원인 듯한 양복장이를 동광학교까지 태워다 주기로 되었다.

첫 번에 삼십 전, 둘째 번에 오십 전… 아침 댓바람에 그리 흉하지 않은 일이었다. 그야말로 재수가 옴 붙어서 근 열흘 동안 돈 구경도 못 한 김첨지는 십 전짜리 백통화 서 푼, 또는 다섯 푼이 찰깍하고 손바닥에 떨어질 제 거의 눈물을 흘릴 만큼 기뻤었다. ㉡ 더구나 이날 이때 이 팔십 전이라는 돈이 그에게 얼마나 유용한지 몰랐다. 컬컬한 목에 모주 한 잔도 적실 수 있거니와, 그보다도 앓는 아내에게 설렁탕 한 그릇도 사다 줄 수 있음이다.

- 현진건,《운수 좋은 날》에서

㉠ _____   ㉡ _____

정답

1. 시의 화자, 시적 자아. 서정적 자아

2. ㉠ 3인칭 관찰자 시점
   ㉡ 전지적 작가 시점

2) 갈등의 진행과 해결 과정에 유의하여 (작품을) 감상해요

왼쪽 그림은 칡넝쿨, 오른쪽 그림은 등나무 넝쿨입니다. 다음 그림의 식물들이 서로 만나면 어떻게 될까요?

(가) 얽히고설켜 풀기 어려운 상태, 갈등

'갈등'이라는 말은 콩과에 속하는 넝쿨식물인 '칡'을 가리키는 '갈(葛)'과 '등나무'를 가리키는 '등(藤)'으로 이루어진 말입니다. 위 그림에서 볼 수 있듯이 두 식물은 얽혀서 감아 올라가는 공통점이 있습니다. 갈등이란 칡넝쿨과 등나무 덩굴이 서로 얽히고설켜 풀기 어렵듯이, 서로 다른 생각이나 의견이 맞서 풀기 어려운 상태를 가리킵니다.

그런데 칡넝쿨은 위에서 볼 때 시계 반대 방향으로 꼬아서 올라가고, 등덩굴은 시계방향으로 꼬아서 올라간다고 합니다. 만약 둘이 만나서 서로를 감아 올라간다면 서로를 해치게 될 것이지만, 자연 상태에서는 칡과 등나무가 만나는 일은 거의 없다고 합니다. 마찬가지로 인간 사회에서도 서로 갈등만 한다면 결국 파국에 이르겠지만, 서로 이해하고 조정하는 과정을 통해 갈등은 풀리게 됩니다.

서사 문학과 극 문학의 중요한 특징 중 하나는 작중 인물이 자신의 목표를 이루기 위해 노력하는 과정에서 만나게 되는 여러 가지 장애물과 대결하는 과정을 서술한다는 점입니다. 작중 인물이 대결하는 과정이 바로 갈등의 과정입니다. 갈등의 진행과 해결 과정을 파악함으로써 자아와 세계의 대립을 본질로 하는 서사 문학과 극 문학의 특징을 이해할 수 있으며, 이를 통해 인간이 살아가는 삶의 의미를 탐색할 수 있습니다.

소설이나 희곡에서 갈등은 어떤 역할을 할까요? 동일한 사건에 대해 사람들은 서로 다르게 생각할 수 있습니다. 이렇게 서로 다른 생각이 서로 꼬여 풀기 어려운 갈등을 만들어냅니다. 소설 속 갈등은 사건을 이끄는 역할을 합니다. 또 갈등은 인물의 가치관과 태도를 드러내고, 갈등의 진행과 해결 과정에서 주제가 드러나기도 합니다. 갈등은 독자에게 흥미와 재미를 주고, 갈등을 해결하는 과정을 통해 독자의 실제 삶 속 갈등을 해결하는 데 실마리를 제공하기도 합니다.

(나) 다양한 대립과 충돌, 갈등 유형

갈등은 크게 한 인물의 마음속에서 일어나는 내(면)적 갈등과 그 인물을 둘러싼 외부 환경 사이에서 일어나는 외(면)적 갈등으로 나눌 수 있습니다.

(1) 내(면)적 갈등

아침에 자명종 소리를 듣지 못해 늦게 일어나는 바람에 등교 시간에 늦었다. 횡단보도를 건너고 있는데 내가 타야 하는 버스가 보였다. 뛰어가려고 하는데, 옆에서 할머니가 끌고 가시던 손수레가 무게를 이기지 못하고 폐휴지 더미를 쏟아냈다. 신호등의 신호는 깜박이고 있었는데, 지각하지 않으려면 꼭 타야 하는 버스는 정류장에 도착했고 사람들이 내리고 있었다.

내(면)적 갈등이란 한 인물의 마음속에서 두 가지 이상의 생각이 충돌하는 갈등을 가리킵니다. 여러분이라면 위와 같은 상황에서 어떻게 행동할까요? 이런 상황에 놓인다면 누구나 순간적으로 마음속으로 갈등을 겪을 것입니다. 할머니를 돕다 보면 내가 학교에 지각하게 될 것이고, 버스에 타려면 할머니의 어려움에 눈을 감아야 하기 때문이죠. 이렇게 한 인물의 마음속에 일어나는 갈등을 내적 갈등이라 부릅니다.

(2) 외(면)적 갈등

외(면)적 갈등은 서사 문학에서 한 인물과 그 인물을 둘러싸고 있는 세계, 환경과의 대립을 통해 나타나는 갈등을 가리킵니다. 외(면)적 갈등은 다시 개인과 개인 사이의 갈등, 개인과 사회 사이의 갈등, 개인과 자연(운명) 사이의 갈등, 사회(집단)과 사회(집단) 사이의 갈등 등으로 나뉩니다.

① 개인과 개인 사이의 갈등	② 개인과 사회 사이의 갈등
	홍길동과 조선의 신분제도
③ 개인과 자연(운명) 사이의 갈등 배를 타고 고기를 낚으려는 어부와 바다의 거친 파도	④ 사회(집단)과 사회(집단) 사이의 갈등 독도를 둘러싼 일본과 한국 사이의 갈등

(다) 갈등 단계에 따른 소설의 구성

소설에서 갈등은 사건을 이끌어갑니다. 다시 말해서 갈등이 어떻게 전개되느냐에 따라 소설의 구성이 달라진다고 할 수 있습니다. 소설은 갈등의 펼쳐짐에 따라 기본적으로 '발단 - 전개 - 위기 - 절정 - 결말'로 이어지는 5단 구성을 하고 있습니다. 모든 소설이 5단 구성을 보이는 것은 아니지만, 5단 구성은 갈등을 형성하고 해소하는 과정을 잘 보여줘서 많이 쓰이고 있습니다. 그렇다면 갈등의 형성과 해소의 측면에서 현덕의 《하늘은 맑건만》으로 각 단계의 특성을 살펴보겠습니다.

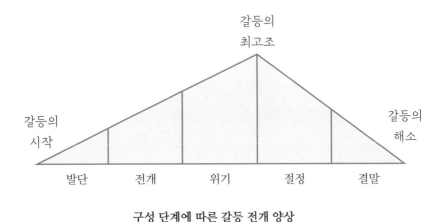

구성 단계에 따른 갈등 전개 양상

(1) 발단 - 갈등의 원인 제시

중문 안 안반 뒤에 숨겨 둔 공이 간 데가 없다. 팔을 넣어 아무리 더듬어도 빈탕이다. 문기는 가슴이 두근거리기 시작하였다.

'혹 동네 아이들이 집어 갔을까?'

도리어 그랬으면 다행이다. 만일에 그 공이 숙모 손에 들어가기나 했으면 큰일이다.

(중략)

'필시 공은 거지나 동네 아이들이 집어 갔기 쉽지. 그렇잖으면 작은 어머니가 알고 가만있을 리가 있나.'

조금 후, 문기는 아랫방으로 내려갔다.

그리고 책상 서랍을 열어 보았을 때 문기는 또 좀 놀랐다. 서랍 속에 깊숙이 간직해 둔 쌍안경이 보이질 않는다. 그것뿐이 아니다. 서랍 안이 뒤죽박죽이고 누가 손을 댔음이 분명하다.

소설이나 희곡의 시작에 해당하는 발단에서는 등장인물, 작품의 배경 등이 소개되기도 하지만 가장 중요한, 갈등의 씨앗이라고 할 수 있는 갈등의 원인이 제시됩니다. 현덕의 《하늘은 맑건만》에서 문기가 숨겨 놓았던 공과 쌍안경은 문기와 삼촌 사이의 갈등을 불러일으키는 원인이라고 볼 수 있습니다. 문기가 숙모와 삼촌 몰래 숨겨 놓은 공과 쌍안경이 사라지면서 사건이 시작되고 갈등이 싹틉니다. 그렇다면 사라진 공과 쌍안경에는 어떤 사연이 있기에 문기가 이처럼 불안해하는 것일까요?

(2) 전개 - 갈등이 겉으로 드러남

문기가 찾고 있는 공과 쌍안경은 문기가 용돈을 모아 산 것이 아닙니다. 문기가 숙모의 심부름으로 고깃간에 갔다가 고깃간 주인의 착각으로 10배에 가까운 거스름돈을 받고, 수만이의 꾐에 빠져 그 거스름돈으로 산 물건이었습니다. 이런 물건을 살 정도를 용돈을 준 적이 없는 삼촌은 뭔가 이상함을 느껴 문기에게 맘(마음) 한번 잘못 가졌다가 영 신세를 망치고 마는 예를 들어 말씀하시고는 이후로는 절대 이런 것을 받지 않겠다는 단단한 다짐을 받습니다.

문기는 벌겋게 얼굴이 달아 수그리고 앉았다. 삼촌은 잠시 묵묵히 건너다만 보고 있더니 음성을 고쳐 엄한 어조로,

　　"어머님은 어려서 돌아가시구 아버지는 저 모양이시구, 앞으로 집 안을 일으킬 사람은 너 하나야. 성실치 못한 아이들하고 얼려 다니다 혹 나쁜 데 빠지거나 하면 첫째 네 꼴은 뭐구, 내 모양은 뭐냐? 난 너 하나는 어디까지든지 공부도 시키구 사람을 만들어 주려구 애쓰는데 너두 그 뜻을 받아 주어야 사람이 아니냐."

　　그리고 삼촌은 어떻게 뒤뚝 맘 한번 잘못 가졌다가 영 신세를 망치고 마는 예를 이것저것 들어 말씀하고는 이후론 절대 이런 것 받아들이지 말라는 단단한 다짐을 받은 후 문기를 내보냈다.

　　지금까지 될 수 있는 대로 생각지 않으려고 힘을 써 오던 그편에 정면으로 제 몸을 세워 놓고 보지 않을 수 없었다. 그러자 자기라는 몸은 벌써 삼촌의 이른바 나쁜 데 빠지고 만 것이었다. 그야 자기는 수만이가 시켜서 한 일이니까 잘못이 없다는 것이지만 당초에 그것은 제 허물을 남에게 밀려는 얄미운 구실이 아니고 뭐냐.

　　문기는 삼촌과 갈등을 겪습니다. 물론 삼촌은 문기를 걱정하여 타이르는 것이지만, 문기의 행동을 방해하는 인물입니다. 다음과 같은 서술을 보면 문기가 마음속으로도 갈등을 겪었다는 것을 알 수 있습니다.

　　'수만이가 시켜서 한 일이라고 핑계를 대면서 자신의 행동을 합리화하는 마음'과 '자신의 잘못을 남에게 밀려는 얄미운 구실이라는 생각'이 문기의

마음속에서 충돌하면서 갈등을 겪었다는 것을 알 수가 있습니다. 문기는 삼촌의 꾸지람을 들은 후에 양심의 가책을 느껴 쌍안경을 버리고 남아있던 거스름돈을 고깃집 마당에 던진 후 후련함을 느낍니다. 이로써 삼촌과의 외적 갈등과 자신의 내적 갈등이 사라지게 됩니다. 하지만 문기가 남아있던 거스름돈을 고깃집 마당에 던진 행동은 수만이와의 새로운 갈등을 불러일으키게 됩니다.

(3) 위기 - 갈등의 고조와 심화

문기의 반성으로 삼촌과의 외적 갈등, 문기의 내적 갈등은 막을 내립니다. 하지만 문기를 꼬드겨 남아있던 거스름돈을 쓰려고 했던 수만이에게는 바라던 일이 아니었습니다. 수만이는 이제 돈이 없다는 문기의 말을 믿지 않고 돈을 가져오지 않으면 문기가 도둑질했다는 소문을 낸다고 협박하더니, 결국에는 교실 칠판에 '김문기는 ○○○했다'라고 써 놓습니다. 견디다 못한 문기는 집에서 몰래 숙모의 돈을 훔쳐 수만이에게 주고 맙니다. 수만이와의 갈등이 원인이 되어 새로운 갈등이 생기게 됩니다. 점점 갈등의 수위가 높아지네요.

> 날이 저물어서 문기는 풀이 죽어 집 마루에 걸터앉았다. 숙모가 방에서 나오다 보고,
> "너, 학교에서 인제 오니?"
> 그리고 이어,
> "너 혹 붙장 안의 돈 봤니?"

하다가는 채 문기가 입을 열기 전에 숙모는,

"학교서 지금 오는 애가 알겠니. 참, 점순이 고년 앙큼헌 년이드라. 낮에 내가 뒤꼍에서 화초 모종을 내고 있는데 집을 간다고 나가더니 글쎄, 돈을 집어 갔구나."

문기는 잠잠히 듣기만 한다. 그러나 속으로는 갚으면 고만이지 소리를 또 한 번 외어 본다.

그날 밤이었다. 아랫방 들창 밑에서 훌쩍훌쩍 우는 어린아이 울음소리가 났다. 아랫집 심부름하는 아이 점순이 음성이었다. 숙모가 직접 그 집에 가서 무슨 말을 한 것은 아니로되 자연 그 말이 한 입 건너 두 입 건너 그 집에까지 들어갔고, 그리고 그 집 주인 여자는 점순이를 때려 쫓아낸 것이다. 먼저는 동네 아이들이 모여 지껄지껄하더니 차차 하나 가고 둘 가고 훌쩍훌쩍 우는 그 소리만 남는다. 방 안의 문기는 그 밤을 뜬눈으로 새웠다.

문기는 수만이와의 갈등을 해결했지만, 숙모, 또는 점순이와 갈등을 겪게 됩니다. 물론 수만이와의 갈등에서처럼 겉으로 드러난 것은 아니지만 문기는 자신의 잘못으로 숙모 또는 점순이와 대척점에 서게 됩니다. 돈을 훔친 문기 대신 점순이 범인으로 몰려 주인에게 쫓겨나는 대목에서 긴장감이 높아지는 것을 느낄 수 있습니다.

또 문기는 돈을 찾는 숙모에게 모른 척하며 '나중에 갚으면 고만이지!' 하면서 자신의 행동을 합리화하기도 하지만, 밤새 잠을 자지 못할 정도로 고민에 빠집니다. 내적 갈등의 측면에서도 갈등이 심해지는 것을 볼 수 있습니다.

(4) 절정 – 갈등이 최고조에 이름

문기는 선생님 앞에 엎드려 모든 것을 자백할 결심이었다. 그런데 선생님의 부드러운 태도에 도리어 문기는 말문이 열리지 않았다. 다음은 건넌방에서 어린애가 울어 못 했다. 다음은 사모님이 들락날락하고 다음엔 손님이 왔다. 기어이 문기는 입을 열지 못한 채 물러나고 말았다.

먼저보다 갑절 무겁고 컴컴한 마음이었다. 도저히 문기의 약한 어깨로는 지탱하지 못할 무거운 눌림이다. 걸음은 집을 향해 가는 것이지만 반대로 마음은 멀어진다. 장차 집엘 가서 대할 숙모가 두려웠고 삼촌이 두려웠고 더욱이 점순이가 두려웠다.

어느덧 걸음은 삼거리를 건너고 있었다. 문기 등 뒤에서 아주 멀리 뿡뿡 하고 자동차 소리와 비키라 하는 사람의 소리가 나는 듯하더니 갑자기 귀밑에서 크게 울린다. 언뜻 돌아다보니 바로 눈앞에 자동차 머리가 달려든다. 그리고 문기는 으쓱하고 높은 데서 아래로 떨어지는 듯싶은 감과 함께 정신을 잃고 말았다.

이제 갈등은 최고조에 이르게 됩니다. 학교에서 수신(도덕 시간)에 선생님께서 '정직'에 대해 수업하시면서 정직의 중요성에 대해 강조합니다. 선생님과 눈이 마주칠 때마다 문기는 선생님께서 자신의 마음을 들여다보고 말씀하시는 것 같다는 생각이 들었습니다. 가슴이 뜨끔해진 문기는 선생님에게 사실대로 자백하기로 마음을 먹었습니다.

선생님 댁까지 찾아간 문기는 끝내 자백하지 못하고 되돌아 나옵니다. 자백하고자 하는 마음과 자백하게 되면 삼촌, 숙모, 점순이에게 얼굴을 들지 못할 것 같다는 생각이 충돌했는데, 결국 두려운 마음에 그냥 되돌아 나온 것이죠. 문기의 내적 갈등은 더욱 심해졌습니다. 얼마나 내적 갈등이 심했는지 생각에 빠져 삼거리를 걷다가 자동차에 치여 정신을 잃고 맙니다. 내적 갈등이 최고조에 이르게 된 것이지요.

(5) 결말 - 갈등이 해소됨

교통사고를 당한 문기는 병원에 입원하게 되고 깨어난 문기는 자기를 간호하는 삼촌에게 모든 것을 사실대로 말하게 됩니다. 이로써 문기를 억죄고 있던 모든 갈등이 사라지게 됩니다. 문기의 내적 갈등뿐 아니라 문기의 그릇된 행동으로 인해 생겨났던 인물들과의 갈등도 사라지게 됩니다.

"작은아버지."

하고 문기는 입을 열었다. 그리고,

"저는 마땅히 받아야 할 벌을 받은 거예요."

하고 문기는 눈을 감으며 한 마디 한 마디 그러나 똑똑하게 처음서부터 끝까지 먼저 고깃간 주인이 일 원을 십 원으로 알고 거슬러 준 것, 그 돈을 써 버린 것, 그리고 또 붙장 안의 돈을 자기가 훔쳐낸 것,

이렇게 하나하나 숨김없이 자백하자 이때까지 겹겹으로 몸을 싸고 있던 허물이 한 꺼풀 한 꺼풀 벗어지면서 따라 마음속의 어둠도 차차 사라지며 맑아 지는 것을, 문기는 확실히 깨달을 수 있었다. 마음이 맑아지며 따라 몸도 가뜬해진다.

내일도 해는 뜨고 하늘은 맑아지리라. 그리고 문기는 그 하늘을 떳떳이 마음껏 쳐다볼 수 있을 것이다.

– 현덕, 《하늘은 맑건만》에서

(라) 갈등의 구조 파악 및 인물의 가치관과 행동에 대한 공감적·비판적 평가

지금까지 현덕의 《하늘은 맑건만》을 중심으로 갈등의 양상과 갈등의 전개에 따른 구성 단계를 살펴보았습니다. 작품에 드러난 갈등의 구조를 파악하면서 인물의 가치관과 행동 등을 여러 각도에서 공감하거나 비판해보는 것은 인간의 보편적 갈등과 정서를 이해하는 데에 있어서 중요합니다.

인물이 어떤 갈등을 겪었고 그때 어떤 행동을 했는가는 인물의 성격과 특성을 이해하는 데 도움이 됩니다. 나아가 인물이 겪는 갈등을 지켜보는 독자는 인물의 행동에 대해 공감하거나 비판할 수 있습니다. 독자는 갈등의 원인, 전개, 해결 과정에서 인물이 성장하는 모습을 보면서 자신의 삶을 성찰하게 됩니다.

《하늘은 맑건만》의 갈등 구조는 크게 문기의 내적 갈등과 문기와 다른 인물들 간의 외적 갈등으로 나뉩니다. 문기는 소설의 여러 단계에서 내적 갈등을 겪습니다. 이를 순서대로 정리하면 아래와 같습니다.

구성 단계	일어난 사건	문기의 내적 갈등	인물의 선택	인물의 행동에 대한 평가
발단	거스름돈을 더 받음	돈을 돌려줘야 함 vs 돈을 갖고 싶음	돈을 돌려주지 않고 수남이와 함께 씀	정직하지 못하다.
전개	삼촌이 문기의 행동을 질책함	사실대로 말해야 함 vs 사실대로 말하기 어려움	삼촌에게 거짓말을 함	혼나는 것이 두려워 거짓말을 한 것은 옳지 않다.
	수만이가 돈을 내놓으라고 협박함	요구를 들어줄 수 없음 vs 요구를 들어줘야 함	숙모의 돈을 훔쳐 수만이에게 줌	처음에 정직하지 못하면 점점 더 어려워진다.

위기	쫓겨난 점순이가 우는 것을 들음	사실대로 고백해야 함 vs 사실대로 말할 수 없음	잘못이 드러날까 두려워 사실대로 말하지 못함	부정직한 행동은 남에게 큰 피해를 준다.
절정	학교에서 수신 시간에 '정직'에 대해 배움	선생님께 고백해야 함 vs 그냥 지나가기를 바람	선생님 댁을 찾아갔지만 말하지 못하고 그냥 돌아옴	고백은 빠를수록 좋은데 그러지 않아 답답하다.
결말	집에 돌아오는 길에 교통사고를 당함	갈등의 해소	삼촌에게 자기의 모든 잘못을 고백함	늦었지만 용기를 내서 고백한 것은 잘 한 행동이다.

이처럼 갈등이 원인이 무엇이고, 갈등 상황에서 인물이 어떤 선택을 하고, 그 갈등을 해결하기 위해 인물이 어떻게 행동했는지 파악하는 것은 소설의 주제를 파악하는 데 있어서 중요한 사항입니다. 곧 갈등의 진행과 그 해결 과정을 파악하고 그 과정에서 인물이 어떤 선택과 행동을 했는지 이해하면 소설의 줄거리는 물론 작가가 소설을 통해 말하고자 했던 주제를 파악하는 데 있어서 결정적인 힌트를 얻을 수 있습니다.

이 소설에서 문기가 계속해서 외적 갈등을 겪게 하는 것은 두 가지 정도가 있습니다. 하나는 거스름돈을 돌려주지 않았던 행동이고, 두 번째는 수만이의 협박입니다. 위의 표에서 볼 수 있듯이, 문기는 수만이, 삼촌, 숙모, 점순이 등 여러 인물과 갈등을 겪었지만, 직접적이고 지속적으로 갈등을 겪는 인물은 수만이라고 할 수 있습니다.

삼촌에게 꾸중을 들은 문기는 쓰고 남은 거스름돈을 고깃간 집 안 마당에 던졌고 이는 수만이와의 갈등으로 전개됩니다. 이에 수만이는 그 말을 믿지 않고 돈을 주지 않으면 소문을 내겠다고 협박합니다. 고민하던 문기는 수만이의 요구에 숙모의 돈을 훔쳐 수만이에게 주었고, 이에 따라 수만이와의 외적 갈등은 사라졌지만, 문기의 내적 갈등은 더 심해지게 됩니다. 문기의 내적 갈등이야말로《하늘은 맑건만》의 주된 갈등이라고 볼 수 있습니다.

우리는 문기가 겪는 내적 갈등과 외적 갈등 그리고 그 과정에서 문기가 보여주었던 선택과 행동을 감상하면서 때로는 공감하기도 하고 때로는 비판하기도 하면서 인간의 보편적 정서와 삶을 이해하게 됩니다. 문기와 같은 상황에 놓인다면 누구나 갈등을 겪게 될 것이고, 그 갈등의 해결 과정에서 수많은 선택을 하며 그 선택에 따른 결과에 대한 책임이 뒤따른다는 것을 알게 됩니다. 나아가 이런 갈등 상황에서 어떤 선택을 하는 것이 인간으로서 바른 선택인가를 성찰하게 하여 작품을 읽는 이를 보다 성숙하게 만들어 줄 것입니다.

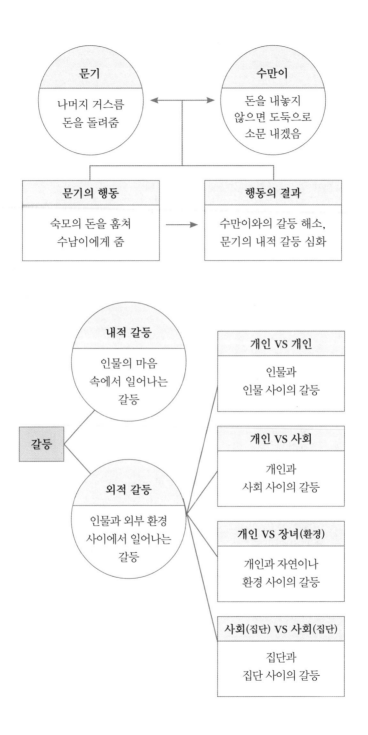

풀어 볼까? 문제!

1. 내적 갈등이란 어떤 것인가요?

2. 외적 갈등이 생기는 4가지 경우를 말해 봅시다.

3. 갈등의 전개 양상에 따른 소설의 구성 단계를 말해봅시다.

정답

1. 한 인물의 마음속에 두 가지 이상의 생각이 나타난 충돌하는 갈등.

2. 개인과 개인 사이의 갈등
   개인과 사회 사이의 갈등
   개인과 자연 사이의 갈등
   집단과 집단 사이의 갈등

3. 발단 - 전개 - 위기 - 절정 - 결말

3) 비유와 상징의 표현 효과를 바탕으로 작품을 수용하고 생산해요

이재석 광고 연구소 〈For some, It's Mt. Everest.〉*
누군가에게 이 계단은 에베레스트입니다. −미국장애인협회

---

* http://www.jeski.org/article_view.php?category=main2&idx=86#.YzoEvnZBy3A

'누군가에게 이 계단은 에베레스트입니다'라는 문구를 사용한 이 광고를 본 적이 있나요? 광고 천재 이재석 씨가 장애인 편의 시설을 더 많이 늘리자는 메시지를 담아 디자인한 작품입니다. 일반인들에게는 오르기에 큰 어려움이 없는 지하철역의 계단도 장애인이나 거동이 불편한 이들에게는 엄청난 어려움이 될 수 있습니다. 이런 사실을 알리며 공공시설을 지을 때 장애인이나 거동이 불편한 사람을 배려하는 공공시설을 만들어야 한다는 것을 강조한 작품입니다.

이 광고가 신선하게 느껴지는 이유는 무엇일까요? 아마도 오르기 힘든 계단을 '에베레스트'에 빗대어 표현했기 때문입니다. 만약 계단을 'k2', '안나푸르나', '월악산' 등에 빗대어 표현했다면 이 광고를 통해 전달하려고 했던 의도가 잘 전달되지 않았을 수도 있습니다. 물론 'k2'가 세상에서 제일 오르기 힘든 산이고, '안나푸르나'는 등반하다 죽은 사람이 제일 많은 산이며, '월악산'은 우리나라에서 제일 험한 등산 코스가 많은 산이라는 것을 아는 전문 산악인들에게는 작가의 의도가 잘 전달될 수도 있었을 것입니다. 하지만 이러한 사정을 잘 모르는 일반인들에게는 가장 높은 것으로 유명한 '에베레스트'가 세상에서 가장 오르기 힘든 봉우리로 느껴졌을 것이고, 그만큼 광고의 효과도 높았을 것입니다. 이런 면에서 '에베레스트'는 세상에서 제일 높은 봉우리라는 기본적인 뜻 이외에 일반인들에게 세상에서 제일 오르기 힘든 산이라는 또 다른 의미, 곧 상징적인 의미를 갖게 됩니다. 사실 세계에서 제일 오르기 힘든 산은 'k2'인데도 일반인들은 에베레스트가 가장 높으므로 제일 오르기 힘든 산으로 인식할 것입니다. 우리나라에서는 월악산보다 제일 높은 산인 한라산이 가장 오르기 힘든 산으로 인식되는 것과 같습니다.

만약 이 광고를 통해 말하고자 했던 메시지를 '지하철 역이나 건물의 계단은 장애인이나 몸이 불편한 사람들이 이용하는 데 큰 어려움이 있다'라는 식으로 설명했더라면 사람들에게 별다른 감흥을 주지 못했을 것입니다. 이처럼 오르기 힘든 계단을 에베레스트에 빗대어 표현하여 새로운 인식과 전달 효과를 얻는 것을 '비유'라고 합니다. 또 에베레스트가 세계에서 제일 높은 봉우리라는 의미 이외에 '불가능' 또는 '극단적인 어려움' 등의 의미를 갖게 되는 것을 '상징'이라고 합니다. 이 장에서는 문학 작품에서 비유와 상징이 하는 역할을 배웁니다. 또 비유와 상징으로 자신의 경험을 표현하는 방법을 공부할 것입니다.

(가) 표현하고자 하는 대상을 다른 대상에 빗대어 표현, 비유

'누군가에게 이 계단은 에베레스트입니다'에서 '계단'을 '에베레스트'에 빗대어 표현한 것처럼 표현하고자 하는 대상(계단)을 다른 대상(에베레스트)에 빗대어 표현하는 방법을 비유라고 합니다. 이러한 비유에는 직유(법), 은유(법), 대유(법) 등이 있습니다.

직유(법), 은유(법) 두 가지 비유법은 표현하고자 하는 대상(이 책에서는 '표현 대상'이라고 부릅니다)과 그것을 빗대어 표현한 대상('빗댄 대상')*의 유사관계를 바탕으로 이루어진 표현기법입니다. 대유(법)는 표현하고자 하는 대상과 그것을 빗댄 대상이 인접 관계를 바탕으로 이루어진 표현기법입니다. 이를 그림으로 표현하면 아래와 같습니다.

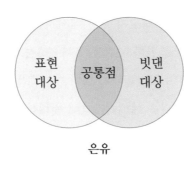

은유

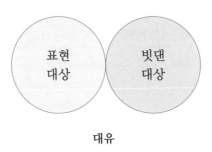

대유

(1) 표현 대상과 빗댄 대상이 유사 관계, 직유와 은유

직유와 은유는 표현 대상과 빗댄 대상 사이의 관계에서 유사 관계 또는 공통점을 공유하는 원리가 같다고 할 수 있습니다. 그렇다면 직유와 은유의 차이는 무엇일까요?

---

* 많은 책에서 표현하고자 하는 것을 '원관념', 빗대어 표현한 것을 '보조 관념'이라고 부르는데, 이는 정확한 명칭이라고 보기 어렵습니다. '내 마음은 호수요'라는 구절에서 표현하고자 하는 것은 '마음'이고, 그것을 빗대어 표현한 것은 '호수'입니다. 여기에서 마음은 관념이 맞지만, 호수는 관념이 아니므로 정확한 용어라고 볼 수 없습니다. 이 책에서는 '관념'이라는 용어 대신 추상적인 것과 구체적인 것을 모두 포괄할 수 있는 '대상'이라는 용어를 사용합니다.

① 표현 대상을 빗댄 대상에 직접적으로 빗댐, 직유

㉠'누군가에게 이 계단은 에베레스트입니다'와 ㉡'누군가에게 이 계단은 에베레스트처럼 오르기 힘듭니다'의 차이는 무엇일까요? ㉠보다는 ㉡에서 의도가 직접적으로 드러나 있다는 것을 알 수 있습니다. 직유는 실제 표현하고자 하는 표현 대상(계단)과 비유한 대상인 빗댄 대상(에베레스트) 사이의 공통점(오르기 힘듦)이 직접 드러나 있는 비유입니다. 보통 직유에서는 '~같이', '~처럼', '~인 양', '~듯' 등의 말을 사이에 두고 표현 대상과 빗댄 대상이 연결됩니다. 이렇게 볼 때 직유적 표현에는 표현 대상, 빗댄 대상, 그리고 공통점이 드러난 경우가 많아 공통점이 잘 드러나 있지 않은 은유적 표현보다 해석하기 쉬운 편입니다.

② 숨은 비유, 은유

비유하고자 하는 표현 대상과 빗대어 표현한 빗댄 대상 사이에 어떤 공통점이 있는지 드러나 있지 않고 숨어 있는 비유를 은유라고 합니다. '누군가에게 이 계단은 에베레스트입니다'에는 표현 대상인 '계단'과 이를 빗대어 표현한 빗댄 대상인 '에베레스트' 사이의 공통점이 겉으로 드러나 있지 않기에 그 공통점을 독자가 찾아내야 합니다.

공통점이 드러나 있지 않은 은유적 표현의 경우에는 대상이 가지고 있는 기본적인 뜻과 문맥을 고려하여 공통점을 파악해야 합니다. 독자는 표현 대상인 '계단'이 가지고 있는 의미와 빗댄 대상인 '에베레스트'가 가지고 있는 여러 의미 중에서 공통적인 의미를 찾게 되는데, 이때 이 문장이 쓰인 앞뒤 문맥을 고려하면 '오르기 힘듦'이라는 공통점을 어렵지 않게 찾아낼 수 있습니다.

은유는 문학의 꽃이라고 불릴 정도로 문학 작품에는 은유적 표현이 많이 쓰입니다. 문학적 진술이 직접적 진술이 아니라 돌려서 말하는 간접적 진술이라는 점에서 은유는 간접적 진술의 대표적인 방식입니다. 은유는 그 특성에 따라 구상화의 은유, 의인, 활유, 공감각적 은유 등으로 나뉩니다.

추상적 대상을 구체적 대상에 빗대어 표현하는 '구상화의 은유'

설명이나 묘사하기 어려운 추상적 대상을 우리에게 익숙한 구체적 대상에 빗대어 표현하는 은유를 구상화의 은유라고 합니다. 추상적인 표현 대상을 구체적인 빗댄 대상에 빗대어 표현하여 설명이나 묘사가 어려운 표현 대상이 독자에게 쉽게 인식되도록 만들어주는 표현법입니다.

다음 인용 시에서 표현하고자 하는 표현 대상인 '내 마음'은 보여줄 수도 만질 수도 없는 추상적인 관념입니다. 이 추상적인 관념을 '호수'라는 구체적인 사물에 빗대어 표현하여 설명하기 어려운 '마음'의 상태를 보여주고 있습니다.

> 내 마음은 호수요
> 그대 저어 오오
> 나는 그대의 흰 그림자를 안고 옥같이
> 그대의 뱃전에 부서지리다
>
> —김동명, 〈내 마음은〉에서

표현 대상인 '내 마음'이 어떤 것인지, 또 어떤 상태인지를 알기 위해서는 그 마음을 표현하기 위해 빗댄 대상인 '호수'의 성질을 잘 알아야 합니다. 그리고 그 빗댄 대상의 성격은 다음에 이어지는 구절을 통해 결정됩니다.

나는 그대의 흰 그림자를 안고, 옥같이
그대의 뱃전에 부서지리라.

'내 마음'을 '호수'에 비유하면서 동시에 '그대'를 '배'에 비유하고 있습니다. 호수가 배에 부딪혀 부서지듯이, 내 마음도 그대에게 안겨 그대의 품에서 부서지고 싶다는 내용입니다. 빠른 속도로 배가 호수를 가르는 상황을 떠올리면 이 구절의 의미를 쉽게 이해할 수 있습니다. 배가 빠른 속도로 호수를 가를 때, 갈라진 물결은 흰 물거품과 함께 강하게 뱃전에 부딪힙니다. 그대와 함께하고픈 화자의 간절한 마음이 호수와 배의 관계를 통해 표현된 것입니다. 이런 측면에서 이 구절은 그대에게 안기고자 하는 간절한 마음을 뱃전에 안기는 호수에 빗대어 표현하고 있습니다.

사람이 아닌 것을 사람에 빗대어 표현하는 '의인'

여러분 혹시 애니메이션 〈뽀롱뽀롱 뽀로로〉를 좋아하시나요? 우리나라에서뿐 아니라 세계적으로도 잘 알려진 작품입니다. 여기에서 등장하는 뽀로로(펭귄), 크롱(공룡), 포비(백곰), 에디(여우), 루피(수달) 등은 사람이 아닌 동물입니다. 그런데 이런 동물들이 서로 말을 주고받습니다. 그것도 우리말을요. 이처럼 사람이 아닌 존재를 사람처럼 표현한 기법을 의인법이라고 합니다. 의인법은 사람이 아닌 것에 사람의 인격과 감정을 부여하여 사람의 의지, 감정, 생각을 표현하는 기법으로 독자에게 친밀감이나 정겨움을 더해 줍니다. 사실 포비는 북극에 사는 백곰으로 실제로는 매우 거칠고 무서운 동물입니다. 그런데 이 애니메이션에서는 의인화를 통해 아주 다정다감한 존재로 그리고 있습니다. 의인법이 일종의 은유인 이유는 사람이 아닌 존재를 사람에 빗대어 표현했기 때문입니다. 다른 은유처럼 표현 대상과 빗댄 대상 사이에는 어떤 공통점이 있습니다.

더우면 꽃 피고 추우면 잎 지거늘
솔아 너는 어찌 눈서리를 모르는가
구천에 뿌리 곧은 줄을 그로 하여 아노라
— 윤선도, 〈오우가〉 제4수

인용 시에서 화자가 부르고 있는 대상은 '솔(소나무)'입니다. 이 작품에서 '솔'은 사람이 아님에도 불구하고 '너'라는 인칭대명사로 표현되고 있습니다. 사람이 아닌 '소나무'가 사람처럼 표현되고 있는 것이지요.

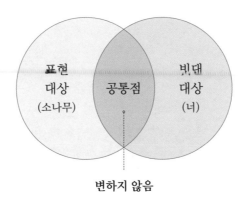

변하지 않음

살아있지 않은 것을 살아있는 것처럼 표현, 활유

태풍이 몰려올 때 거세게 몰아치는 파도의 모습을 본 적 있나요? 이때 어떤 사람은 '파도가 으르렁거린다', '으르렁거리는 파도'와 같은 표현으로 우렁찬 소리를 내며 육지를 향해 달려드는 파도의 모습을 표현하기도 합니다. 파도는 생명이 없는 무생물입니다. 이처럼 생명이 없는 무생물을 마치 생명이 있는 것처럼 표현하는 기법을 활유라고 하며, 주로 살아있지 않은 것에 생동감을 부여하기 위해 사용됩니다. '거센 파도가 친다'보다는 '으르렁거리는 파도'로 표현했을 때 거친 바다의 생동감이 느껴질 것입니다.

바다는 뿔뿔이
달아나려고 했다.

푸른 도마뱀 떼같이
재재발렀다.

꼬리가 이루
잡히지 않았다.

−정지용, 〈바다2〉에서

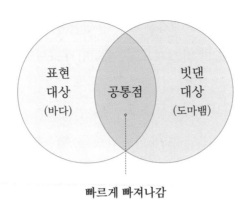

빠르게 빠져나감

인용한 정지용의 〈바다2〉에서 '바다'는 생명이 없는 존재입니다. 이렇게 생명이 없는 존재인 바다를 도망가는 도마뱀에 빗대어 표현함으로써 살아 있는 존재처럼 다루고 있습니다. 밀려왔다가 되돌아가는 파도의 모습을 재빨리 도망가는 도마뱀에 비유하고 있습니다. 활유법이 일종의 은유인 이유는 생명이 없는 바다를 살아있는 도마뱀에 빗대어 표현했기 때문입니다.

그런데 의인법과 활유법이 비슷한 것 같기도 하고 또 다른 것 같기도 합니다. 사람 아닌 것에 인격을 부여하면 의인법이고, 무생물을 생물처럼 표현하면 활유법이 됩니다. 여기에서 인격적 요소란 인간이 가진 모든 것으로써 무생물과 구별되는 감정, 사상, 의지, 육체 등을 가리킵니다. '역사의 발걸음'처럼 추상적 개념(역사)에 인격적 속성(발걸음)을 넣어서 표현한 것도 의인법이 됩니다.

어릴 적에 보았던 애니메이션 〈꼬마 버스 타요〉를 기억하나요? 인기가 좋아 한동안 시내버스의 겉모습을 타요처럼 꾸미기도 했는데요. 꼬마 버스가 주변 사람들과 함께 어울리고 또 시행착오를 겪으면서 성장해나가는 모습에서 사람들이 살아가는 모습을 느낄 수 있어서 남녀노소 모두가 좋아했습니다. 그렇다면 〈꼬마 버스 타요〉는 의인법적 표현일까요? 아니면 활유법적 표현일까요?

버스는 인간이 만든 인공물입니다. 무생물인 버스를 마치 살아있는 생명처럼 표현한다는 측면에서 〈꼬마 버스 타요〉는 활유적 표현처럼 보입니다. 그런데 〈꼬마 버스 타요〉에 등장하는 버스들은 인간과 대화하고 인간처럼 우정을 쌓으며 살아갑니다. 이런 측면에서 〈꼬마 버스 타요〉는 인간이 아닌 사물을 인격화한 의인법적 표현에 가깝다고 볼 수 있습니다.

㉠ 모든 산맥들이 바다를 연모해 휘달릴 때도(의인)

㉡ 바다는 뿔뿔이 달아나려고 했다.(활유)

㉠과 ㉡ 모두 생명이 없는 '산맥'과 '바다'를 표현 대상으로 하고 있습니다. ㉠에서 산맥들은 인간처럼 바다를 '연모'한다는 측면에서 인격이 부여되었고, ㉡에서 '바다'는 인격이 부여되지는 않았지만 살아있는 존재처럼 그려지고 있습니다. 그러므로 '의인'과 '활유'의 구분은 표현 대상을 빗댄 대상에 인격이 부여되어 있는가 아닌가에 달려있다고 볼 수 있습니다.

하나의 감각을 다른 감각으로 전이하는 '공감각적 은유'

서정주 시인의 〈문둥이〉를 보면 '꽃처럼 붉은 울음을 / 밤새 울었다'라는 표현이 나옵니다. 여기에서 '꽃처럼 붉은 울음'이라는 구절은 '~처럼'이라는 연결어를 통해 '울음'을 '꽃'에 빗대어 표현한 직유적 표현입니다. 표현하고자 하는 것은 '울음'이고, 빗대어 표현된 빗댄 대상은 '꽃'입니다. '울음'을 '꽃'으로 표현한 것이죠.

그런데 특이한 점은 청각적 심상(이미지)인 '울음'을 시각적 심상(이미지)인 '꽃'으로 표현했다는 것입니다. 이렇게 울음이라는 하나의 대상을 '청각'과 '시각'이라는 감각으로 동시에 표현한 것을 공감각이라고 합니다. 공감각적 표현 또한 하나의 감각을 다른 감각으로 전이 또는 빗대어 표현했으므로 은유의 한 형태라고 볼 수 있습니다.

많은 시인이 공감각적 표현을 사용하여 대상을 생동감 넘치고 다채롭게 표현하면서 작품을 보다 시적으로 만들었습니다.

금으로 타는 태양의 즐거운 울림(시각의 청각화) – 박남수, 〈아침 이미지〉

관이 향기로운 너는(시각의 후각화) – 노천명, 〈사슴〉

피부의 바깥에 스미는 어둠(시각의 촉각화) – 김광균, 〈와사등〉

분수처럼 흩어지는 푸른 종소리(청각의 시각화) – 김광균, 〈외인촌〉

나는 향기로운 님의 말소리에 귀먹고(청각의 후각화) – 한용운, 〈님의 침묵〉

구렁에 물소리가 / 몸에 감겨 스며드는(청각의 촉각화) – 이태극, 〈삼월은〉

---

(2) 표현 대상과 빗댄 대상이 인접 관계, 환유와 제유

표현 대상과 빗댄 대상의 관계가 유사 관계가 아니라 인접 관계에 따라 맺어진 대유적인 표현법에는 환유와 제유가 있습니다. 다음 그림은 환유와 제유의 차이를 보여주는 그림입니다. 위 그림은 나타내고자 하는 대상을 인접한 대상으로 대신한 것을 보여주며, 아래 그림은 부분(빗댄 대상)을 통해 전체(표현 대상)를 표현하는 것을 보여줍니다.

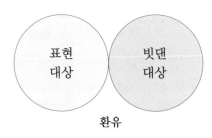

환유

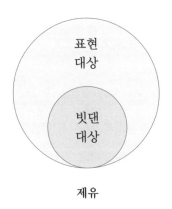

제유

'요람에서 무덤까지'라는 말을 들어본 적이 있나요? 이 문구는 인간이 배우는 과정 등을 설명할 때 사용되는 비유적 표현입니다. 여기에서 요람은 '젖먹이를 태우고 흔들어 놀게 하거나 잠재우는 물건'이고, 무덤은 '사람이 죽은 후에 묻히는 곳'입니다. 그렇다면 빗댄 대상인 요람과 무덤의 의미는 무엇일까요?

이 구절에서 빗댄 대상인 요람은 '인간의 어린 시절'을, 무덤은 '죽음'을 대신하고 있다는 것을 알 수 있습니다. 이처럼 나타내고자 하는 대상을 인접한 다른 대상으로 대신하는 경우를 환유라고 부릅니다. 환유는 나타내고자 하는 표현 대상을 속성, 특징 등 밀접한 관계가 있는 빗댄 대상으로 대신하는 방법입니다. 이런 측면에서 '인간은 요람에서 무덤까지 배운다'라는 표현은 '인간의 배움은 어린 시절부터 죽을 때까지 계속된다'라는 표현이라는 것을 알 수 있습니다.

소크라테스는 '인간은 빵만으로는 살 수 없다'라는 말을 했다고 합니다. 혹시 이 문구를 '그래, 인간은 빵 말고도 밥, 국, 채소, 과일, 고기도 먹어야 사는 존재인데 이 말이 왜 이렇게 유명하지?' 하고 받아들인 사람이 있다면, 그 사람은 이 문구를 글자 그대로 받아들인 것입니다. 여기에서 '빵'은 '음식' 전체를 가리킵니다. 그래서 이 구절은 '인간은 먹는 것만으로 살 수 있는 존재가 아니다'라는 의미를 갖게 됩니다. '빵'이라는 음식의 한 종류가 '음식' 전체를 가리키는 것이죠. 이처럼 표현 대상에서 연상되는 부분으로 전체를 표현하는 표현 기법을 제유라고 합니다.

(3) 언어의 새 길과 지름길

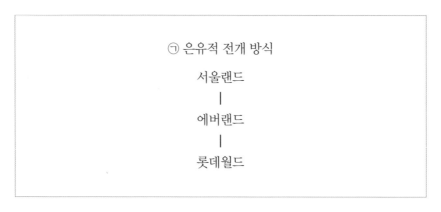

㉠ 은유적 전개 방식

서울랜드
|
에버랜드
|
롯데월드

말이든 글이든 그것을 구성하는 원리는 비슷하다고 할 수 있습니다. 어느 말이든 간에 하나의 이야기는 두 방향으로 펼쳐질 수 있습니다.

우선 하나의 이야기가 비슷한 다른 이야기로 이어지는 경우입니다. 친구들과 소풍 장소인 서울랜드에 대한 이야기가 다른 학년 또는 다른 학교의 소풍지인 롯데월드나 에버랜드 등으로 이어지는 경우가 그 예입니다.

다른 경우는 하나의 이야기가 인접한 다른 이야기로 이어지는 경우를 가리킵니다. 예를 들어, 소풍 장소인 서울랜드에 대해서 이야기를 나누다가 그 옆의 동물원이나 미술관 등으로 이야기가 뻗어나가는 경우입니다. 이 또한 상상력의 측면에서 보면, 표현하고자 하는 대상인 서울랜드에 인접한 곳으로 이야기가 이어지는 경우에 해당됩니다.

㉡ 환유적 전개 방식

서울랜드 — 서울랜드 동물원 — 서울랜드 미술관

　말은 이렇게 두 방향에서 발전할 수 있습니다. ㉠처럼 하나의 이야기가 비슷하거나 유사한 이야기로 발전되어 가는 경우를 '은유적 방식'이라 하고, ㉡처럼 하나의 이야기가 인접한 다른 이야기로 발전되어 가는 경우를 '환유적 방식'이라고 부릅니다.

　가스통 에스널(G. Esnault)에 따르면 환유는 은유적 직관처럼 (언어의) 새 길을 열지는 않지만 익숙한 길을 수월하게 뚫고 나감으로써, 이미 알려진 사물들을 쉽게 사용하면서 인식적 거리를 줄여줍니다. 이에 반해 은유는 이질적인 것들의 새로운 결합을 통해 새 길을 여는 사유 방식입니다. 환유가 언어의 길에서 지름길을 만드는 과정이라면, 은유는 언어의 길에서 아무도 가지 않은 새 길을 만들어내는 과정이라고 할 수 있습니다.

(4) 비유의 효과

다음은 윤동주의 〈햇비〉입니다. 시를 읽고 다채로운 비유를 느껴볼까요?

햇비

윤동주

아씨처럼 나린다
보슬보슬 햇비
맞아 주자 다 같이
옥수숫대처럼 크게
닷 자 엿 자 자라게
해님이 웃는다
나 보고 웃는다.

하늘 다리 놓였다
알롱알롱 무지개
노래하자 즐겁게
동무들아 이리 오나
다 같이 춤을 추자
해님이 웃는다
즐거워 웃는다.

이 작품에서 화자는 아이들과 함께 '햇비'를 맞으며 무지개 아래에서 노래하고 춤을 추면서 즐거워하고 있습니다. '햇비'는 햇볕이 쨍쨍한 날에 잠깐 내리다가 금방 그치는 비를 가리키는데, 짓궂기도 하고 신기하기도 해서 어른들은 이런 비를 '여우비'라고도 불렀습니다.

짧은 동시지만 이 시에는 여러 비유가 있습니다. 먼저 '아씨처럼 나린다'가 표현하고자 하는 대상은 '햇비'이며, 아씨처럼 잠깐 나타났다가 사라지는 햇비를 '아씨'에 빗대어 표현했습니다. 또 '옥수숫대처럼'이라는 표현에서는 햇비를 맞으며 무럭무럭 자라는 아이들의 모습을 옥수수에 빗대어 표현하였습니다. '해님이 웃는다'라는 표현에는 '-님'과 '웃는다'라는 표현을 사용하면서 '해'에 인격을 부여하는 의인법이 사용되었고, 햇비를 맞으며 즐거워하는 아이들의 모습을 표현하고 있습니다. 마지막으로 하늘에 걸린 무지개를 '하늘 다리'로 빗대어 표현하고 있습니다.

이처럼 이 시는 다양한 비유적 표현을 사용하여 해가 뜬 날에 내리는 비를 맞으며 즐거워하는 아이들의 모습을 생생하게 표현함으로써 긍정적이고 유쾌한 정서와 감흥을 전달하고 있습니다.

(나) 불가시적인 것을 가시적인 것으로 암시, 상징

올림픽 개막식을 본 적이 있나요? 예전에는 화려하고 다양한 개막식이 끝나갈 때쯤에 흰옷을 입은 사람들이 수천 마리의 흰 비둘기를 하늘에 날리는 장면을 연출했었습니다. 사람들은 왜 하얀 비둘기를 하늘에 날렸을까요? 지금이야 도시마다 인간과 가까워진 비둘기 탓에 머리 아파하고 있지만, 예로부터 비둘기, 특히 하얀 비둘기는 평화를 의미했습니다. 그래서 사람들은 전 인류의 평화를 염원하는 차원에서 비둘기를 하늘에 날렸던 것이죠.

이처럼 표현하려는 대상(평화)을 드러내지 않고 다른 사물로 대신(비둘기)하여 표현하는 기법을 상징이라고 합니다. 특히 상징은 눈에 보이지 않는 추상적인 대상(평화)을 눈에 보이는 구체적 사물(비둘기)로 표현할 때 주로 사용됩니다. 다시 말해 불가시적인 것(평화)을 가시적인 것(비둘기)으로 표현한 것이죠. 이처럼 상징은 불가시적인 것(보이지 않는 것)을 가시적인 것(보이는 것)으로 암시하는 형식입니다. 이를 통해 드러난 것(가시적인 것)과 감춰진 것(불가시적인 것) 사이에서 긴장이 생기고, 그 긴장이 작품의 핵심을 이루게 됩니다.

앞에서 배운 구상화의 은유랑 비슷한 점이 많습니다. '내 마음은 호수요'에서 '마음'이라는 추상적 대상을 '호수'라는 구체적 대상에 빗대어 표현 사물(대상)에 빗대어 표현했으니 같은 것이라고 느낄 수도 있지만, 구상화의 은유와 상징은 표현 대상이 겉으로 드러났는가 아닌가에 따라 달라집니다. 구상화의 은유에서는 추상적인 표현 대상(마음)을 구체적인 빗댄 대상(호수)에 빗대면서 표현 대상과 빗댄 대상이 모두 겉으로 드러나지만, '비둘기'를 날리는 장면에서는 표현 대상인 '평화'는 숨어 있고 그것을 대신하는 빗댄 대상(비둘기)만 드러난다는 차이점이 있습니다.

(1) 상징의 특성

상징은 표현 대상이 겉으로 드러나지 않기에 파악하기 어려울 수도 있습니다. 또 표현 대상과 빗댄 대상 사이에 직접적인 연관성이 부족하여 독자가 작품을 이해하는 데 어려움을 겪을 수 있습니다. 그래서 작가는 상징적인 대상과 그 대상이 의미하는 것을 독자가 짐작할 수 있도록 반복적으로 노출하는 경향이 있습니다.

> 더우면 꽃 피고 추우면 잎 지거늘
> 솔아 너는 어찌 눈서리를 모르는가
> 구천에 뿌리 곧은 줄을 그로 하여 아노라
>
> — 윤선도, 〈오우가〉 제4수

이 시조에서는 '솔(소나무)'뿐 아니라 '꽃과 잎(일시성)', '눈서리(고난과 역경)' 등도 상징적으로 표현되었습니다. 특히 피었다 지고 마는 '꽃과 잎'과는 달리 '소나무'는 사시사철 푸르다는 차이점이 강조되고 있습니다. '솔'에는 소나무라는 기본적인 뜻 외에 '불변(변하지 않음)성'이라는 다른 상징적 의미가 있습니다. 그런데 자세히 살펴보면 전하고자 하는 뜻인 표현 대상인 '불변성'은 겉으로 드러나 있지 않으며, 독자가 '꽃잎'과의 대조를 통해 그 상징적 의미를 추측해야 합니다. 또 표현 대상인 '불변성'과 빗댄 대상인 '솔' 사이의 직접적 연관성은 적어 보이며, 화자가 솔(소나무)에서 발견한 사시사철의 푸르름이 연관이 있는 듯하네요.

이렇게 상징적 표현은 표현 대상이 겉으로 나타나지 않으며, 표현 대상과 빗댄 대상 사이의 연관성이 적어 보여 한 번에 파악하기 힘들 수도 있습니다. 그래서 작가는 유사한 의미와 기능이 있는 이미지나 어휘를 반복적으로 제시하여 독자가 상징적 의미를 파악할 수 있도록 도와줍니다. 윤선도의

〈오우가〉에서도 앞에서 본 '솔' 이외에 '수(물)', '석(돌)', '죽(대나무)', '월(달)'의 변치 않는 사물을 제시하면서 인간과는 달리 어떤 상황이나 시련에도 변하지 않는 불변성을 반복적으로 강조하고 있습니다.

> 꽃은 무슨 일로 피자마자 쉽게 지고
> 풀은 어찌하여 푸르러지자 곧 누른빛을 띠는가
> 아마도 변하지 않는 것은 바위뿐인가 하노라
>
> — 윤선도, 〈오우가〉 제3수

〈오우가〉 제3수에서도 '꽃'은 일시적으로 피었다 지는 존재로 나타납니다. 이런 점에서 '꽃, 잎, 풀'은 변하는 일시성을 상징하는 사물이라고 볼 수 있겠네요. 반면에 앞에서 언급했던 '수, 석, 송, 죽, 월'은 불변성을 상징하는 사물이라고 볼 수 있습니다. 이렇듯 같은 어휘는 아니지만 유사한 기능과 의미가 있는 어휘를 반복함으로써 상징적 어휘가 가진 표현 대상, 곧 의미를 파악할 수 있습니다.

(2) 비유와 상징의 구별

지금까지 비유와 상징의 개념과 특징을 살펴봤습니다. 비유와 상징은 서로 다르면서도 비슷한 점이 있어 헷갈릴 수 있습니다. 비유와 상징의 구별이 어려운 근본적인 이유는 꽤 많은 상징이 비유에서 시작했을 수 있기 때문입니다. 처음에는 참신했던 비유가 시간이 지남에 따라 관습화되면서 상징으로 굳었을 가능성이 큽니다.

예를 들어, 왕관은 일반적으로 왕 또는 왕의 권위를 상징한다고 여겨집니다. 그래서 실수로라도 왕관을 만졌다가는 왕위에 욕심이 있거나 왕의 권위에 도전하는 것으로 생각되어 엄청나게 큰 벌을 받았을 것입니다.

그런데 자세히 살펴보면 왕관이 왕이나 왕의 권위로 여겨지는 것은 왕관이 왕의 부속물(제유)이거나 왕과 인접(환유)한 물건이기 때문입니다. 이렇게 볼 때 왕관은 대유(제유 또는 환유)적 표현으로 보입니다. 그리고 이런 대유적 표현을 많은 사람이 받아들이게 되면 왕관이 왕과 인접한 물건이거나 왕의 부속물이라는 인식적 차원을 생략하고, 왕관이 왕 또는 왕의 권위를 상징한다고 여겨지는 것입니다.

비유 중 구상화의 은유는 추상적 관념을 구체적 사물에 빗대어 표현한다는 점에서, 보거나 설명하기 힘든 추상적 관념을 구체적 대상을 들어 진술한다는 점에서 상징과 방법이 매우 유사하다고 볼 수 있습니다. 하지만 은유는 형식적인 면에서 말하고자 하는 대상과 그것을 빗댄 대상, 즉 표현 대상과 빗댄 대상이 모두 드러난다는 점에서 빗댄 대상만 나타나는 상징과 차이를 보입니다. 또한, 표현 대상이 암시된 상태로 제시되기 때문에 빗댄 대상이 작품 전체에서 반복적으로 제시됩니다.

어제 날아온 소식은 무더운 여름을 식혀주는 소나기 같았다.

위의 문장에서는 기다리던 소식을 무더운 여름날을 식히는 '소나기'에 빗대어 표현하고 있습니다. 표현하고자 하는 표현 대상이 '소식'이고 그것을 빗대어 표현한 빗댄 대상이 '소나기'인 것이죠. 이처럼 비유에서는 표현 대상과 빗댄 대상이 대개 겉으로 드러납니다.

이에 비해 상징은 황순원의 소설 《소나기》에서처럼 표현하고자 하는 표현 대상이 문면에 잘 드러나지 않습니다. '소나기'의 상징적인 의미를 알기 위해서는 소설 전체를 읽은 후 소설에서 소나기가 어떤 역할을 하는지를 파악해야 합니다. 이 소설에서 소나기는 더운 여름날 열기를 식혀주는 짧지만 상쾌함을 주는 비처럼 소년과 소녀 사이의 짧지만 아름다운 사랑이나 추억을 상징한다고 볼 수 있습니다. 아니면 소나기가 소녀를 아프게 했다는 측면에서, 소나기는 소년과 소녀 사이의 아름답지만 슬픈 사랑을 의미한다고도 볼 수 있겠네요. 상징은 은유와 구별되는 다음과 같은 특징을 가지고 있습니다.

① 표현 대상이 겉으로 드러나지 않는다.
② 표현 대상과 빗댄 대상 사이에 직접적인 연관성이 부족하다.
③ 하나의 작품 속에서 반복적으로 사용되는 경향이 있다.

앞서 상징은 드러난 것과 감춰진 것 사이에 긴장이 생기고, 바로 그 긴장이 작품의 핵심을 이룬다고 말했습니다. 소설 《소나기》에서 드러난 '소나기'의 특성은 소녀와 소녀가 만났을 때 내린 소나기이며, 그 소나기는 소년과 소녀를 가깝게 해주고 또 소녀를 아프게 만들었습니다. '소나기'는 짧고 강렬하지만 길지 않은 소년과 소녀 사이의 우정 또는 사랑을 암시합니다. 짧게 내린 비가 드러난 것이라면 짧은 우정 또는 사랑이 감추어진 것이라 볼 수 있겠네요. 그렇지만 '짧은 우정 또는 사랑'이라는 소나기의 함축적 의미는 드러날 듯 말 듯 한 성격을 지니고 있습니다. 이렇게 드러난 것과 드러나지 않는 것 사이의 긴장 속에서 '소나기'가 갖게 되는 상징적 의미는 바로 이 소설의 주제와 연관되어 있음을 알 수 있습니다. 그래서 문학 작품에서 상징은 문학 작품의 이해에 핵심적인 역할을 합니다.

형식적인 측면에서 상징과 더 유사한 것은 환유와 제유입니다. 부분으로 전체를 나타내거나(제유), 인접한 사물로 다른 사물을 대신할(환유) 때는 상징과 마찬가지로 빗댄 대상만 보이므로 상징과 구별하기 어려울 수 있습니다. 하지만 환유나 제유 또한 의미가 문맥에 따라 결정되는 제한적인 의미를 갖지만, 상징의 경우에는 의미가 한 가지가 아니며 독자가 다양한 측면에서 그 의미를 추론할 수 있다는 점에서 차이를 갖는다고 할 수 있습니다.

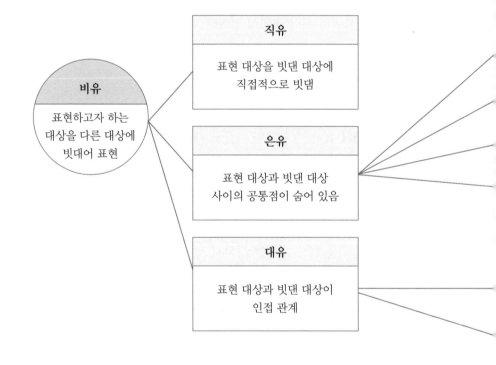

의인
사람이 아닌 것을
사람에 빗댐

활유
살아있지 않은 것을
살아있는 것에 빗댐

구상화의 은유
추상적 대상을 구체적
대상에 빗댐

공감각적 은유
하나의 감각을 다른
감각으로 전이

환유
표현 대상을 인접한 다른
대상으로 대신

제유
표현 대상에서 연상되는
부분으로 전체를 표현

비유의 효과
1. 대상을 생동감 있게 표현
2. 정서와 감흥을 전달

상징

표현하고자 하는
대상을 다른 대상에
빗대어 표현

상징의 특징

① 표현 대상이 겉으로 드러나지 않음
② 표현 대상과 빗댄 대상 사이에 직접적
　연관성 부족
③ 하나의 작품 속에서 반복적으로 사용

상징의 효과

1. 문학 작품의 이해에
　핵심적인 역할
2. 문학 작품의 주제를
　암시

풀어 볼까? 문제!

1. 은유가 만들어지는 4가지 경우를 말해봅시다.

2. 환유와 제유의 차이를 그림으로 표현해 봅시다.

3. 다음은 상징의 특성을 설명한 내용입니다. (   )에 들어갈 적합한 말을 쓰시오.

---

① 표현 (㉠)이/가 겉으로 드러나지 않는다.

② 표현 대상과 빗댄 대상 사이에 직접적인 (㉡)이/가 부족하다.

③ 한 작품 속에서 (㉢)적으로 사용되는 경향이 있다.

㉠ ＿＿＿＿＿＿＿   ㉡ ＿＿＿＿＿＿＿   ㉢ ＿＿＿＿＿＿＿

정답

1. 구상화의 은유, 의인, 활유, 공감각적 은유

2.

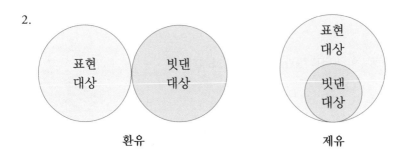

환유   제유

3. ㉠-대상, ㉡-연관성, ㉢-반복

4) 재구성된 작품을 원작과 비교하며 감상해요.

ㄱ 레오나르도 다 빈치 〈모나리자〉

ㄴ 살바도르 달리 〈모나리자로서의 자화상〉

여러분, 혹시 위의 두 작품을 본 적이 있나요? 왼쪽은 레오나르도 다 빈치가 그린 〈모나리자〉이고, 오른쪽은 살바도르 달리의 〈모나리자로서의 자화상〉입니다. 우리는 오른쪽 작품이 왼쪽 작품을 변형한 것임을 알 수 있습니다. 그런데 그 변형이 자못 심하네요.

다 빈치의 〈모나리자〉는 1500년경 피렌체의 부호 프란체스코 델 조콘도의 부인을 그린 초상화로 알려져 있습니다. 신비스러운 미소를 담은 그림이라 하여 유명하며 '라 조콘다(La Gioconda)'라고도 하는데, 이는 "조콘도의 부인" 또는 "명랑한 여자", "웃고 있는 여자"라는 뜻이라고 합니다. 살바도르 달리는 〈모나리자로서의 자화상〉에서 모나리자의 얼굴에 자신의 수염과 얼굴을 겹쳐 그려 넣어 원본이 가지고 있는 신비한 여성이라는 본질적 가치를 변형했습니다. 이렇게 모나리자라는 여인은 그 신비성을 상실하고 맙니다.

이렇게 재구성된 작품을 원작과 비교하면서 보면 원작의 의미를 더 충실하게 알 수 있으며, 재구성된 작품을 통해 원작의 가치가 더욱 확장된다는 것을 알 수 있습니다. 초현실주의자인 달리가 원작에 부여된 신비성과 신화성을 벗겨내려고 자신의 수염과 얼굴을 겹쳐 새롭게 표현했지만 그렇다고 해서 원작의 가치와 의미는 사라지지 않았고 오히려 확장되었다는 것을 알 수 있습니다. 회화뿐 아니라 많은 문학 작품 또한 변형되어 다양하게 표현되고 있습니다.

여러분은 《인어공주》라는 작품을 본 적 있나요? 인어공주는 덴마크의 작가 한스 크리스티안 안데르센이 쓴 《인어공주》라는 동화의 주인공입니다. 특히 《인어공주》는 월트 디즈니에서 1989년에 만든 애니메이션 영화를 통해 세계적으로 유명해졌는데, 2022년 디즈니사에서 흑인 인어공주를 내세우면서 논란에 휩싸이기도 했습니다.

우리는 《인어공주》 이외에도 시대와 맥락에 따라 다양하게 재구성된 문학 작품을 쉽게 발견할 수 있습니다. 국어 시간에 배우는 허균의 《홍길동전》 또한 다양한 변주를 거쳐 다른 문학 작품, 영화, 드라마, 뮤지컬, 심지어 게임 등으로 재구성되었습니다. 문학 작품이 시대를 달리하여 재구성되는 이유는 문학 작품이 재해석되어 새로운 의미나 가치를 전달할 수 있기 때문입니다. 아니면 시대가 바뀌어도 원작이 지닌 가치나 의미를 후대에 고스란히 전달할만하기 때문입니다.

이렇게 문학 작품의 내용, 표현, 갈래, 매체 등에 변화를 주어 새로운 작품을 창작하는 것을 문학 작품의 재구성이라고 합니다. 원작을 재구성하여 새로운 작품으로 창작하는 방법을 내용, 표현, 갈래, 매체 등의 측면에서 살펴보겠습니다.

(가) 내용이나 관점의 변화

먼저, 원작의 기존 갈래는 그대로 두되 원작의 내용에 변화를 주어 새로운 작품으로 창작하는 방법입니다. 시의 경우에는 갈래나 형식은 원작을 따르되 내용이 바뀝니다. 소설이나 이야기 등에서 원작이 재구성될 경우, 인물, 사건, 배경 등이 새로운 관점으로 바뀌면서 재구성됩니다.

김소월의 〈예전엔 미처 몰랐어요〉에서 화자가 예전에 몰랐던 것은 임에 대한 사랑 또는 그리움입니다. 화자는 자신이 예전에는 임을 그토록 사랑하고 그리워했다는 것을 몰랐다가 임이 떠나간 지금에야 자신의 마음을 알게 된 것을 후회하고 있습니다.

봄 가을 없이 밤마다 돋는 달도
'예전엔 미처 몰랐어요.'

이렇게 사무치게 그리울 줄도
'예전엔 미처 몰랐어요.'

달이 암만 밝아도 쳐다볼 줄을
'예전에 미처 몰랐어요.'

이제금 저 달이 설움인 줄은
'예전엔 미처 몰랐어요.'

　　　　－ 김소월, 〈예전엔 미처 몰랐어요〉

밤낮 없이 날마다 했던 잔소리
예전엔 너무 싫었어요

꼭 지켜야 했던 그 배신할 수
　없는 규칙도
예전엔 너무 싫었어요

그 잔소리 속에 사랑이
　담겨 있는 것을
예전엔 미처 몰랐어요

그 규칙 속에 기대가
　담겨 있는 것도
예전엔 미처 몰랐어요

　　　　－ 김소월 B-1 *

　오른쪽의 모방 시는 김소월의 〈예전엔 미처 몰랐어요〉를 시의 형식이나 흐름은 따르되 내용을 바꾼 경우입니다. 화자가 예전에 미처 몰랐던 것은 임에 대한 사랑이나 그리움이 아니라 부모님이나 선생님 등의 잔소리에 담

---

* Li, Hongmei, 한국어교육에서 '모방시 쓰기'를 활용한 현대시 교육 연구, 서울대학교대학원, 2008.

긴 사랑이었습니다. 〈예전에 미처 몰랐어요〉라는 시의 형식을 따르되 내용을 자신의 경험으로 바꾸어 넣은 것이죠.

(가) **결말 1**	임무 실패의 책임을 추궁받을 게 두려웠던 별주부는 토끼에게 속은 사연을 써서 바위에 붙이고 거기에 머리를 세게 부딪혀 목숨을 끊는다. 이를 알게 된 용왕이 가엾게 여겨 장례를 치러준 뒤, 자신이 죄 없는 토끼를 잡으려 한 것이 잘못됐음을 인정하며 왕위를 물려주고 세상을 떠난다.
(나) **결말 2**	토끼는 육지에 도착하자마자 숲으로 도망친다. 별주부는 토끼에게 속은 것을 알고 고민하다가 소상강 숲으로 도망가 숨어 산다. 용왕은 토끼가 간을 가져오기만을 기다리다가 병이 더 깊어져 결국 죽고 만다.
(다) **결말 3**	토끼는 육지에 도착하자마자 숲으로 도망친다. 별주부가 토끼에게 속은 것을 알고 죽음을 택하려 할 때 화타가 나타나 별주부에게 선약을 준다. 용왕은 이 약을 먹고 병이 낫게 된다.

(가)는 국어 교과서에 실렸던 《토끼전》의 결말입니다. 자라와 용궁의 임금과 신하를 속여 용궁에서 탈출한 토끼가 자신의 본심을 말한 뒤 산으로 사라지고, 이에 자라는 자신이 책임을 다하지 못한 것을 자책하며 유서를

남기고 목숨을 끊습니다. 용왕도 더는 토끼의 간을 구하지 않고 죽음을 받아들입니다.

(나)는 원작을 해학적이고 풍자적으로 뒤튼 경우입니다. 토끼가 도망간 뒤 자라는 빈손으로 용궁에 들어가는 것이 두려워 소상강 주변의 갈대숲 속으로 숨어 들어갑니다. 자라가 강가에서 서식하는 것도 이 때문이라고 진술하고 있습니다.

(다)는 모두가 행복하게 끝나는 결말입니다. 자라는 유서를 써 놓고 죽으려 했는데, 홀연 죽은 사람도 살려냈다는 전설상의 명의 화타가 나타나 용왕을 치료할 약을 줍니다.

이렇게 동일한 이야기가 다른 결말을 보이는 것은 원본의 이야기와 재구성된 이야기에서 전달하려는 주제가 다르기 때문입니다. (가)에서 강조하는 것은 용왕에 대한 자라의 충정과 책임감입니다. 자라는 자신이 책무를 다하지 못한 데 책임을 갖고 용왕에게 충성을 다하기 위해 목숨까지 버리는 충절을 보입니다. 이 작품이 조선 시대에 쓰였음을 고려하면 국가에 대한 충성과 부모에 대한 효도를 강조했던 유교적 정서가 반영된 결말이라고 볼 수 있습니다.

(나)에서 강조하고 있는 것은 자라의 현실적 인식입니다. 자라는 최선을 다했으나 용왕과 신하들의 어리석은 판단으로 임무를 완수하지 못한 것에 대해 자신이 책임져야 하는 이유를 찾지 못했고, 벌을 받을 것이 두려워 도망칩니다. 이 결말에서는 충성과 같은 명분이나 의리 때문에 자신이 죽을 필요는 없다는 현실적 인식이 반영되어 있습니다. (다)는 모두가 행복하게 끝나는 구조의 결말입니다. 용왕은 약을 얻어 병을 고치고, 자라도 임무를 완수하고, 토끼는 자신의 터로 가서 살게 되면서 모두가 행복한 결말을 맞

게 되었습니다.

사실 (가)와 (나)의 결말은 선호하는 계층이 서로 다릅니다. 충과 책임감 등이 강조된 (가)가 당시의 지배 세력이 선호한 결말이라면, 명분보다는 실리를 강조한 (나)는 당시에 지배당하던 피지배 계층이 선호한 결말이라고 볼 수 있습니다. 이와 달리 모두가 행복한 (다)는 모든 계층에서 거부하지 않았던 결말이라고 볼 수 있습니다.

(나) 형식이나 갈래의 변화

다음으로는 원작의 갈래를 바꾸어 표현하는 방법입니다. 시를 소설로, 소설을 극으로, 수필을 소설처럼 원작의 갈래와 다른 갈래로 재구성합니다. 이때 바꾸는 갈래의 특성에 맞는 형식과 표현을 고려하여 재구성해야 합니다. 예를 들어, 시를 소설로 바꿀 때 재구성된 소설에서는 인물, 사건, 배경 등이 시보다는 구체적이고 상세하게 드러납니다.

> 미처
> 내가 그걸 왜 몰랐을까?
> 추운 겨울날
> 몸을 움츠리고 종종걸음치다가
> 문득, 너랑 마주쳤을 때
> 반가운 말보다 먼저
> 네 입에서 피어나던
> 하얀 입김!
> 그래, 네 가슴은 따뜻하구나
> 참 따뜻하구나
>
> —신형건, 〈입김〉*

그날은 올해 들어 가장 추웠다. 방송 3사의 기상 캐스터들은 30년 만의 추위를 알리고 싶어서인지 매우 심각한 표정으로 텔레비전에서 떠들고 있었다. 바로 그런 날 하영이는 늦잠을 자다 집에서 헐레벌떡 나오는 바람에 날씨 예보를 듣지 못한 채, 평소대로 장갑은 챙겼지만

---

* 《입김》, 신형건 지음, 이영림 그림, 푸른책들, 2010.

목도리와 마스크는 미처 챙기지 못했다.

"젠장!"

출근 버스를 타기 위해 찬바람과 눈보라만이 휘몰아치는 넓고도 긴 공터를 종종걸음으로 바삐 걸어가고 있었다. '이런 날은 귀마개와 마스크를 꼭 가져왔어야 하는데 …….' 후회와 아쉬움에 걸음을 재촉하는데, 뒤에서 자신의 이름을 부르는 남자의 목소리가 들려 하영이는 걸음을 멈추고 뒤를 돌아보았다.

"누구세요?"

날은 밝았지만 눈보라 때문인지 날씨는 흐렸고, 목도리에 마스크를 쓴 상대가 누구인지 판단하기는 어려웠다. 더군다나 굉음을 내는 바람 소리와 마스크에 가로막힌 소리가 엉켜 목소리로 구분하기도 어려웠다. 순간 반가움보다는 두려움이 추위보다도 먼저 엄습해 왔다.

"하영아, 나 은호야, 은호. 정말 오랜만이다. 출근하는 길이니?"

마스크를 내리자 은호의 목소리가 잘 들렸고, 얼굴을 볼 수 있게 되면서 두려움이 저 멀리 달아났지만 곧 에는 듯한 추위가 엄습해왔다.

"너 지금 정말 춥겠구나! 이렇게 추운 날 귀마개와 목도리노 없이 다니다니!"

말을 마친 은호가 자신의 목도리를 풀어서 목에 둘러줄 때, 은호의 따뜻한 입김이 차디찬 하영이의 얼굴을 녹여주었다. 하영은 순간 당황했지만 추위로 입이 얼어붙었는지 아무 말도 할 수 없었다. 다만 은호의 따뜻한 입김에서 그가 매우 따뜻한 마음을 가진 사람이었다는 것을 떠올렸을 뿐이다.

"고마워. 오랜만이야."

앞에서 문학의 갈래를 다룰 때 배웠지만, 서정과 다른 서사의 특징은 특정 인물이 특정한 공간에서 사건과 갈등을 겪는 갈래라는 점입니다. 서사 갈래에서는 서술자가 인물의 행동과 심리에 대해, 인물이 다른 인물 등과 겪게 되는 사건에 대해, 그리고 그 인물이 활동하는 시간적 공간적 배경 등에 대해 서술합니다. 신형건 시인의 〈입김〉에서는 시의 화자가 너의 입김에서 느낀 생각이나 감정을 토로하고 있습니다. 이를 소설이나 이야기로 변화시킨다면 '입김에서 너의 따뜻함을 느꼈다'라는 것을 전달하기 위해서 인물, 사건, 배경을 설정하고 이야기를 만들어가야 합니다. 이처럼 갈래나 형식이 바뀌면 갈래의 특성에 맞게 원작이 달라집니다.

(다) 매체의 변화

문학 작품을 텔레비전, 영화, 인터넷, 동영상 등의 소리, 영상 등의 매체로 재구성하는 방법입니다. 문학 작품은 문자로 이루어진 문자 매체에 속하는데, 텔레비전이나 인터넷 등과 같은 전자 매체는 시각은 물론 청각적 요소가 두드러진 매체이므로 재구성할 때에는 시각적 요소뿐만 아니라 청각적 요소의 효과까지 고려해야 합니다.

예를 들어, 문학 작품을 만화, 그림, 노래, 영화 등 다른 매체로 재구성할 때는 매체의 특성, 그것을 받아들이는 수용자의 취향, 당시의 시대적 분위기 등 많은 요소를 고려해야 합니다. 이야기를 다른 형태로 바꿀 때 가장 기본적이고 먼저 작용하는 것은 바로 그 이야기를 담고 있는 그릇인 매체가 가지고 있는 특성입니다. 다음과 같은 소설의 문구를 영화의 한 장면으로 표현할 때는 어떤 차이가 있을까요?

그의 얼굴은 사막의 강렬한 태양의 입김에 오후 내내 달궈진 바위 같았다.

소설과 같은 문자 매체는 사건의 서술과 대상의 묘사에 치중할 수 있는 반면에, 영상은 이미지를 통한 대상의 재현에 치중한다는 특징이 있습니다. 위의 문장을 읽은 독자는 까맣게 그을리고 메마른 사람의 얼굴을 상상하게 됩니다.

반면에 영상 언어에서는 그의 모습이 그대로 화면에 나타나기 때문에 상상하는 과정이 개입하기 어렵습니다. 이 문장을 영상으로 구성하기 위해서는 '사막의 강렬한 빛을 받는 바위의 모습'과 '햇볕에 검게 그을리고 메마른 얼굴'을 나란히 제시해야 합니다. 하지만 여전히 '오후 내내'는 영상 언어로 표현하기 어렵습니다. 또 관객이 두 장면을 보고 소설에서 이야기하는 것과 같이 상상하기는 어렵습니다.

이처럼 문자 언어에 비해 영상 언어는 비유적, 상징적 묘사를 하기 힘들 수 있습니다. 하지만 영화는 소설에서 느낄 수 없었던 독자의 직접적인 감각을 떠올리게 하기도 합니다. 예를 들어 실제 사물과 거의 비슷한 이미지를 제시하여 관객이 실제 사물을 본 것처럼 느끼도록 하는 것입니다. 이처럼 이야기가 매체 속에서 변형될 때, 이야기는 그 이야기를 담고 있는 매체의 특성에 따라 변할 가능성이 있습니다. 다시 말해, 이야기가 매체 속에서 변형될 때, 변형되는 이야기의 인물, 사건, 배경은 그 매체가 가지고 있는 특성에 따라 변할 가능성이 있습니다. 매체를 활용하여 문학 작품을 재구성할 때는 매체만 바뀌고 내용은 그대로인 경우와 매체와 내용이 모두 바뀌는 경우로 나눌 수 있습니다. 다음 이야기는 여러분이 잘 아는 《이솝 우화》에 실린 〈여우와 두루미〉입니다.

(1) 매체만 바뀌고 내용은 그대로인 경우

어느 날 여우가 두루미를 집으로 초대했어요.

"여우야, 초대해줘서 고마워 !"

"어서 와, 와줘서 고마워!"

여우는 두루미를 식탁으로 안내했어요. 식탁 위의 납작한 접시에는 맛있는 콩국이 담겨 있었어요.

"두루미야, 맛있게 먹어!"

여우는 혓바닥으로 맛있게 국을 핥아 먹었어요. 그러나 두루미는 한 입도 먹지 못했어요. 뾰족한 부리가 접시 바닥에 콕콕 찍히기만 해서 도무지 먹을 수가 없었어요.

"왜 안 먹니? 내가 대신 먹어 줄까?"

여우는 두루미의 콩국까지 모두 먹어 버렸어요. 두루미는 화가 나서 집으로 돌아갔어요.

며칠 후 이번에는 두루미가 여우를 초대했어요.

"어서 와, 여우야. 어서 먹자!"

식탁 위에는 목이 긴 병 속에 맛있는 생선국이 들어 있었어요. 두루미는 긴 부리를 병 속에 넣고 맛있게 먹었어요. 그렇지만 여우의 뭉툭한 주둥이는 병에 들어가질 않았어요. 이번엔 여우가 화가 났어요.

"넌 내 주둥이가 짧은 것을 알면서 왜 긴 병에 음식을 담아 놓았니?"

"그럼 넌 내 부리가 긴 걸 알면서 왜 납작한 접시에 음식을 담아 놓았니?"

　이야기의 주제나 내용을 간결하고 효과적으로 전달하고자 할 때 내용은 그대로 하고 매체만 바꿔서 재구성합니다. 이 경우 개성이나 창의성보다는 내용이나 교훈의 전달이 우선시 됩니다.

　예를 들어 아직 글을 읽는 게 서툰 어린 동생에게 〈여우와 두루미〉의 이야기에 담긴 교훈을 전달하려면 위와 같이 〈여우와 두루미〉 이야기의 핵심적인 내용이 들어가게 그림으로 재구성하면 됩니다.

(2) 매체와 내용이 모두 바뀐 경우

반면에 매체는 물론 원작의 내용이나 주제를 변용한 경우에는 교훈의 전달에 목적이 있기보다는 개성과 창의성을 보여주기 위한 경우가 많습니다. 이런 경우 기존의 이야기를 비틀거나 누구나 예상하는 흐름을 뒤집는 반전을 보여주기도 합니다.

이렇게 같은 내용을 웹툰 형식으로 변형하면서 기존의 이야기를 비틀거나 반전을 보이는 경우 원작 세계는 뒤로 물러나고 새로운 세계, 새로운 이야기가 만들어지게 됩니다. 이야기를 만화와 같은 다른 매체로 표현할 때는 변형계획을 만든 후 표현하면 보다 효과적입니다.

(3) 문학 작품 재구성의 의미

문학 작품을 재구성하면 어떤 점이 좋을까요? 무엇보다도 원작에 대한 깊이 있는 이해와 감상을 할 수 있습니다. 원작을 바탕으로 새로운 문학 작품을 생산하려면 원작에 대한 정확하고 바른 이해가 선행되어야 합니다. 이로써 문학 작품을 재구성하면 작품을 정확히 읽고 감상하는 태도를 기를 수 있으며, 이를 바탕으로 원작에 대한 깊이 있는 이해를 할 수 있습니다.

또 문학적 표현 능력과 창의성을 기를 수 있습니다. 문학 작품을 재구성할 때에는 다양한 시각과 방법으로 원작을 변형하게 됩니다. 이 과정에서 다양하고 창의적으로 표현하면서 자신의 표현 능력과 창의성을 기를 수 있습니다.

마지막으로 세상을 다양한 측면에서 성찰하는 기회를 얻습니다. 원작을 새롭게 재구성하면서 원작에 담긴 세계를 체험하고, 나아가 자신의 관점에서 새로운 세계를 구축하는 경험을 하게 됩니다. 이런 과정을 통해 세상을 여러 측면에서 성찰하는 기회를 얻을 수 있을 것입니다.

이것만은 알아 두세요

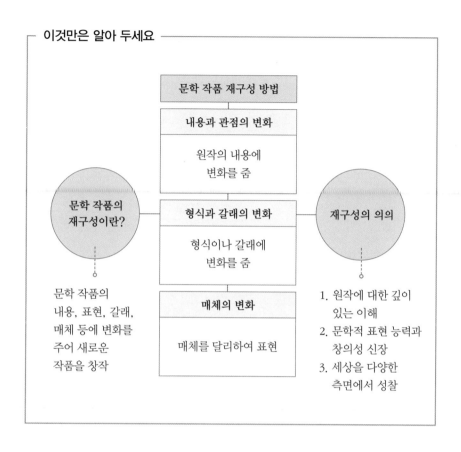

문학 작품 재구성 방법

내용과 관점의 변화

원작의 내용에
변화를 줌

형식과 갈래의 변화

형식이나 갈래에
변화를 줌

매체의 변화

매체를 달리하여 표현

**문학 작품의
재구성이란?**

문학 작품의
내용, 표현, 갈래,
매체 등에 변화를
주어 새로운
작품을 창작

재구성의 의의

1. 원작에 대한 깊이
   있는 이해
2. 문학적 표현 능력과
   창의성 신장
3. 세상을 다양한
   측면에서 성찰

풀어 볼까? 문제!

1. 다음은 문학 작품을 재구성할 때 변화하는 부분입니다. 빈칸에 알맞은 말을 써 보세요.

> 문학 작품을 재구성할 때 내용, □□, 형식, 갈래, □□ 등이 바뀌게 됩니다.

2. 다음은 문학 작품을 재구성하는 의미에 진술한 것입니다. ( )에 들어갈 말을 써보세요.

> - (㉠)에 대한 깊이 있는 이해와 감상
> - 문학적 표현 능력과 (㉡) 함양
> - 세상을 다각도로 (㉢)할 수 있는 기회 획득

㉠ _____　　㉡ _____　　㉢ _____

정답

1. 관점, 매체

2. ㉠-원작, ㉡-창의성, ㉢-성찰

작가 중심으로 감상하고 표현해요

1) 가치 있는 경험을 개성적인 발상과 표현으로 형상화해요

'나를 잊어줘, 잊고 살아가 줘'는 지오디(GOD)가 부른 〈거짓말〉의 가사이고, '우리의 새벽은 낮보다 뜨겁다'는 세븐틴이 부른 노래 가사입니다. 혹시 들어본 노래가 있나요? 지오디 노래 〈거짓말〉의 제목을 보면 화자는 잊어달라고 간청하는 것 같지만, 노래 전체를 들어보면 자신을 잊어달라고 한 말이 진심이 아니라는 것을 알 수 있습니다. 표현된 것과 의미하는 것이 다르네요. 세븐틴의 노래 제목도 좀 이상합니다. 어떻게 새벽이 낮보다 뜨거울 수 있을까요?

위의 예시는 모두 우리가 일상에서 사용하는 문구는 아닙니다. 그렇다면 시와 노래의 언어는 우리가 사용하는 일상어와는 다른 특별한 언어일까요? 시와 노래의 언어는 일상어를 약간은 다른 방식으로 사용하여 만든 언어입니다. 시와 노래는 일상어에 리듬을 부여하면서 일상어가 음악성을 갖도록 만들어줍니다. 음악성 이외에 문학의 언어는 하고픈 말을 직접적으로 하지 않고 간접적으로 돌려서 말하는 특징을 가지고 있습니다.

(가) 말에서 느껴지는 가락, 운율

작가가 문학 작품을 통해 생각과 느낌을 독자에게 전하듯이, 가수 또한 노래를 통해 생각과 느낌을 전합니다. 차이가 있다면 작가는 문자 언어로, 가수는 음성 또는 영상 언어로 전달합니다. 노래하는 이가 생각과 느낌을 전달하는 매체인 노래는 소리(청각), 영상(시각) 요소 이외에 가사라는 문자적 요소도 포함합니다. 특히 노래는 문학의 갈래인 시와 친연성이 많아 노래로 만들어진 시도 많습니다.

시는 원래 문학 작품이면서 노래였습니다. 신라 시대의 향가, 고려 시대의 고려가요, 경기체가, 조선 시대의 시조 모두 문학 작품 이전에 사람들이 부르던 노래였습니다. 그만큼 시와 노래는 가까운 사이라는 것을 알 수 있습니다. 그렇다면 시와 노래에서 무엇이 노래 가사나 시를 음악적으로 만들었을까요?

바로 운율입니다. 비슷한 음, 어구, 문장, 구절, 연 등의 반복이 만들어내는 음악적 특성을 운율이라고 합니다. 반복은 운율을 형성하는 동시에 그 내용을 강조하는 역할을 합니다. 우리가 친구들에게 이야기할 때도 중요한 내용은 몇 번씩 반복해서 말하는 것을 생각하면 반복되고 있는 내용을 강조한다는 것을 알 수 있습니다. 아이유가 부른 노래 〈잼잼〉에서는 '그 위에 다시 얹고 또다시'라는 가사가 반복되면서 운율을 만들어 냅니다. 동시에 앞뒤 문맥을 고려하면 사탕발림과 같은 사랑 고백이라도 계속해달라는 요청을 반복하면서 강조하고 있는 것으로 읽을 수 있습니다. 이 노래에서 '설탕'과 '거짓 고백'은 '설탕 발림'과 같은 말과 겹치면서 호소력 있게 전달되고 있습니다. 즉, 노래에서 반복적으로 등장하는 '설탕'은 가짜지만 달콤하면서 상대를 행복하게 해주는 말을 상징한다고 볼 수 있습니다.

운율은 말의 재미를 느끼게 하며, 말에 리듬감을 부여합니다. 특히 말이 리듬을 갖기 위해서는 비슷하거나 동일한 요소가 반복되어야 합니다.

1) 동음 반복, 특정 음운의 반복
2) 음절 수의 반복
3) 음보의 반복
4) 통사적 구조의 반복

> 살어리 살어리랏다
> 청산에 살어리랏다
> 머루랑 다래랑 먹고
> 청산에 살어리랏다
> 얄리얄리 얄라셩 얄라리 얄라
>
> —작자 미상, 〈청산별곡〉에서

인용 시는 고려가요 〈청산별곡〉입니다. 주문처럼 느껴지기도 하는 '얄리얄리 얄라셩 얄라리 얄라'는 이 시의 후렴구입니다. 이 작품의 갈래가 말해주듯 〈청산별곡〉은 노래로 불렸습니다.

이 작품에는 운율이 만들어지는 많은 요소가 있습니다. 우선 전체적으로 흘러가는 듯한 느낌을 주는 유음에 해당하는 'ㄹ' 음이 많이 반복되면서 시를 부드럽게 만들고 리듬을 만들고 있습니다. '살어리/ 살어리/랏다', '청산애/ 살어리/랏다'에서 볼 수 있는 것처럼 같은 글자 수(3/3/2)와 3음보(3마디)가 반복되면서 운율을 만들어내고 있습니다. 또 '살어리랏다'라는 어휘가 반복되고, '○○에 살어리랏다'와 같은 문장 구조가 반복되고 있습니다. 이처럼 고려가요 〈청산별곡〉은 '특정 음', '음절 수', '음보', '통사구조'의 반복을 통해 음악성을 부여하면서 청산에 살겠다는 의지를 강조하고 있습니다.

운율은 시나 노래에서 주로 보이지만 사람들 앞에서 노래로 불렸던 판소리와 관련이 있는 판소리계 소설 등의 산문에서도 드러납니다.

더운 국밥 퍼다 놓고 산모를 먹인 뒤에 혼잣말로 아기를 어른다.

금자동아, 옥자동아. 어허 내 딸이야.
포진강 숙향이가 네가 되어 살아왔나.
은하수 직녀성이 네가 되어 내려왔나.
남전북답 장만한들 이보다 더 반가우며, 산호 진주 얻었던들 이보다 더 반가울까.
어데 갔다가 이제야 생겼느냐.

−작자 미상, 〈심청전〉에서

판소리는 노래로 부르는 '창'과 일상적인 어투로 말하는 '아니리', 그리고 배우의 동작을 가리키는 '발림'으로 이루어져 있습니다. '아니리'는 말하는 어투이지만 판소리 안에서 일정한 운율을 지니고 있습니다. 판소리의 영향을 받은 판소리계 소설에도 운율이 있어서 음악적인 리듬을 느낄 수 있게 해줍니다.

인용한 부분은 심봉사가 막 태어나서 우는 심청이를 안고 어르는 대목입니다. 아이를 어르는 내용이 아이에게 노래를 부르는 것처럼 느껴지는데, 굵은 글씨로 강조한 부분을 중심으로 살펴보면 어떤 요소들이 반복되고 있다는 것을 알 수 있습니다. 우선 '~둥아'라는 말이 반복되어 사용되고 있으며, 셋째 줄(포진강 숙향이가 네가 되어 살아왔나.)과 넷째 줄(은하수 직녀성이 네가 되어 내려왔나.)에서 동일한 통사구조(문장 구조)가 반복되고 있네요. 또 다섯째 줄(남전북답 장만한들 이보다 더 반가우며, 산호진주 얻었은들 이보다 더 반가울까.)에서 쉼표의 앞뒤로 유사한 통사구조가 반복되고 대조되면서 문장에 리듬이 생기고 있습니다.

(나) 겉과 속이 달라요, 반어

여러분, '겉바속촉'이라는 말을 아시죠? 겉은 바삭한데 속은 촉촉하다는 말입니다. 노래에서도 겉으로 표현된 것과 속에서 의미하는 것이 다른 표현이 있습니다. 지오디의 〈거짓말〉을 들어보면 '나를 잊어줘 잊고 살아가줘'라는 가사가 있습니다. 하지만 노래를 다 들어보면 제목처럼 사랑하는 사람에게 나를 잊어달라고 말하는 것은 진심이 아니라는 것을 알 수 있습니다. 이처럼 겉으로 표현된 것과는 다른 속뜻으로 표현되는 것을 반어라고 합니다. 영어로는 아이러니(irony)라고 해요. '나를 잊지 말라'는 말을 강조하기 위해 겉으로는 '잊어달라'고 한 것이죠. 속마음을 직접적으로 진술하지 않고 반어로 표현해 인상 깊게 전달하고 있습니다.

> "으응, 또 대답이 없네. 정말 죽었나보이."
>
> 이러다가 누운 이의 흰 창이 검은 창을 덮은, 위로 치뜬 눈을 알아보자마자,
>
> "이 눈깔! 이 눈깔! 왜 나를 바루 보지 못하고 천정만 바라보느냐, 응"
>
> 하는 말끝엔 목이 메었다. 그러자 산 사람의 눈에서 떨어진 닭똥 같은 눈물이 죽은 이의 뻣뻣한 얼굴을 어룽어룽 적시었다. 문득 김첨지는 미친 듯이 제 얼굴을 죽은 이의 얼굴에 한데 비벼대며 중얼거렸다.
>
> "설렁탕을 사다 놓았는데 왜 먹지를 못하니, 왜 먹지를 못하니……
> 괴상하게도 오늘은 운수가 좋더니만……"
>
> —현진건, 《운수 좋은 날》에서

현진건의 《운수 좋은 날》은 인력거꾼의 생활을 그린 작품입니다. 이 소설의 주인공인 김첨지는 일제 강점기에 인력거로 사람을 실어 나른 후 임금을 받는 인력거꾼이었습니다. 요즘으로 치자면 택시 기사 역할을 한 것이죠. 오늘은 출근하지 말고 옆에 있어 달라는 아픈 아내의 간청을 물리친 김첨지는 이날 손님이 평소보다 많아 돈을 많이 벌게 됩니다. 그 돈으로 친구에게 막걸리를 산 후, 아내를 위해 설렁탕을 사갔지만 죽은 아내는 아무런 대답

을 하지 않습니다. 이 상황은 김첨지의 마지막 말이나 소설의 제목과는 완전히 대비되어 '운수가 좋지 않은 날'이라는 것을 보여줍니다. 겉으로 표현된 것과 속에서 의미하는 것이 완전히 다른 것이죠. 운수 좋은 날에 아내의 죽음을 맞이하는 반어(아이러니)를 통해 당시의 비참한 현실을 고발하고 있습니다.

(다) 모순을 통해 전달되는 진실, 역설

세븐틴의 노래 중에서 '우리의 새벽은 낮보다 뜨겁다'라는 표현은 일상에서는 어법에 맞지 않는 모순된 표현이라고 생각할 수 있습니다. 일반적으로 낮보다 뜨거운 새벽은 있을 수가 없습니다. 하지만 새벽까지 깨어 있으면서 활동하는 뜨거운 열정을 떠올린다면 이 문구가 모순이 아니라 사실을 강조하고 있다는 것을 알 수 있습니다. 이때의 '뜨거움'은 온도를 가리키는 것이 아니라 삶에 대한 열정을 의미한다고 볼 수 있습니다. 이처럼 겉으로는 모순되어 보이지만 이면(속)에서는 어떤 진실이나 의미를 강조하는 표현 방법을 역설이라고 합니다. 역설 또한 생각과 느낌을 돌려서 이야기하는 문학적 진술의 한 방법입니다.

모란이 피기까지는
나는 아직 나의 봄을 기다리고 있을 테요
모란이 뚝뚝 떨어져 버린 날
나는 비로소 봄을 여읜 설움에 잠길 테요

오월 어느 날 그 하루 무덥던 날

떨어져 누운 꽃잎마저 시들어 버리고는

천지에 모란은 자취도 없어지고

뻗쳐오르던 내 보람 서운케 무너졌느니

모란이 지고 말면 그뿐 내 한 해는 다 가고 말아

삼백예순 날 하냥 섭섭해 우옵네다

모란이 피기까지는

나는 아직 기다리고 있을 테요, 찬란한 슬픔의 봄을

—김영랑, 〈모란이 피기까지는〉

　　인용 시는 김영랑의 〈모란이 피기까지는〉입니다. 이 작품에서 화자는 꽃이 떨어져 슬프지만 다시 봄이 오면 꽃이 필 것을 믿기에 찬란한 봄을 기다리겠다고 다짐하고 있습니다. '뚝뚝', '설움', '시들어', '누운', '무너져', '우옵네다' 등의 어휘에서 모란이 시들어 떨어지는 슬픔을 노래하고 있습니다. 하지만 다음 해에 봄이 오면 모란이 다시 피어날 일이므로 '찬란한 봄'이라고 진술하고 있군요. 그렇다 해도 모란과의 이별도 봄에 벌어지는 것이므로 '찬란한 슬픔의 봄'이라고 역설적으로 표현하고 있습니다. 꽃이 떨어져 슬프지만 다시 봄이 올 것이므로 찬란하다고 표현했거나, 다시 봄에 꽃이 피므로 찬란하지만 다시 꽃이 떨어질 것이므로 슬픈 봄이라고 표현했습니다. 두 경우 모두 '찬란함'과 '슬픔'이라는 서로 어울리지 않는 이질적인 어휘를 함께 배치하여 모란이 진 슬픔을 극대화하고 있습니다.

(라) 간접적 비판을 통해 웃음을 유발하는 풍자

'노래를 찾는 사람들' 일명 '노찾사'라는 그룹이 부른 〈사계〉라는 노래가 있습니다. 봄이 오면 꽃이 피고, 그 꽃을 좇아 나비가 날고, 또 따스한 봄바람이 부는 자연의 순리를 노래합니다. 그런데 그런 당연한 순리의 끝에 '미싱은 잘도 도네 돌아가네'라는 구절을 붙였습니다. 봄다운 봄이 펼쳐지니 옷을 수선하는 미싱도 잘 돌아간다고 표현하는 것 같습니다. 그렇지만 가사의 마지막 구절 '피어도', '날아도', '불어도'의 어감이 긍정적으로 들리지 않습니다. 여기에서 '미싱'은 옷을 고치는 기계를 가리키지만, 그것을 돌리는 노동자를 대신하고 있는 사물입니다. (이를 대유법이라고 합니다.) 이 노래는 나들이 가기 좋은 봄날은 계속되는데 노동자들은 나들이는커녕 쉴 새 없이 일할 수밖에 없는 상황을 대조적으로 보여주고 있습니다. 마지막 구절에서는 앞부분의 화사한 봄날의 전경과 대비되는 쓸쓸하고 슬픈 정서가 느껴집니다. 이처럼 인물의 부정적인 면이나 사회의 부조리 등을 간접적으로 비판하여 웃음을 유발하는 표현 방법을 풍자라고 합니다. 풍자에서 만들어지는 웃음은 밝은 웃음이라기보다는 이른바 '썩소'에 가까운 웃음입니다.

손에 돈을 만지지 말고, 쌀값을 묻지 말고, 더워도 버선을 벗지 말고, 밥을 먹을 때 맨상투로 밥상에 앉지 말고, 국을 먼저 훌쩍 떠서 먹지 말고, 무엇을 후루룩 마시지 말고, 젓가락으로 방아를 찧지 말고, 생파를 먹지 말고, 막걸리를 들이켠 다음 수염을 쭉 빨지 말고, 담배를 피울 때 볼에 우물이 파이게 하지 말고, 화난다고 처를 두들기지

말고, 성내서 그릇을 내던지지 말고, 아이들에게 주먹질을 말고, 노복(奴僕)들을 야단쳐 죽이지 말고, 마소를 꾸짖되 그 판 주인까지 욕하지 말고, 아파도 무당을 부르지 말고, 제사 지낼 때 중을 불러 재(齋)를 드리지 말고, 추워도 화로에 불을 쬐지 말고, 말할 때 이 사이로 침을 흘리지 말고, 소 잡는 일을 말고, 돈을 가지고 놀음을 말 것이다.

−박지원, 《양반전》에서

박지원이 쓴 《양반전》은 조선 후기 양반들의 허례 의식과 특권 의식을 풍자적으로 비판한 작품입니다. 양반으로서의 품위를 지키려면 일상에서 지켜야만 하는 것들이 정말 많네요. 그런데 이런 규칙들이 그 규칙을 지키는 사람의 건강을 지켜주거나 경제적 이익을 주는 것이 아니라 오로지 다른 사람들에게 근엄하게 보이기 위한 것일 뿐이어서 모두 허울에 가까운 것입니다. 연암 박지원은 이 작품에서 실생활과 동떨어진 생활을 하는 조선 후기 사대부들의 모습을 풍자적으로 보여주면서 사대부들의 무능과 허례허식, 그리고 양반이 가진 특권을 비판하고 있습니다.

지금까지 운율, 반어, 역설, 풍자 등을 활용하여 생각과 느낌을 간접적으로 표현하는 방법을 배웠습니다. 작가는 작품을 통해 자신의 고유한 생각, 취향, 가치관 등을 표현합니다. 운율, 반어, 역설, 풍자 등 다양한 문학적 표현 방식은 작가가 세상을 바라보는 태도를 담고 있습니다. 또 작가는 다양한 문학적 표현 방식을 활용하여 말하고자 하는 의도를 구현하므로, 다양한 문학적 표현 방식은 작품의 전체 의미를 형성하는 데 큰 역할을 합니다. 나아가 다른 작가의 작품에서 경험한 문학적 표현 방식을 활용하여 자신의 경험을 표현해본다면 남과는 다른 자신만의 개성을 드러낼 수 있을 것입니다.

풀어 볼까? 문제!

1. 다음은 생각을 개성적으로 표현하는 방법입니다. 개념에 대한 올바른 설명을 짝 지어봅시다.

운율	㉠ •		• ❶	모순을 통해 전달되는 진실
반어	㉡ •		• ❷	겉과 속이 다름
역설	㉢ •		• ❸	간접적 비판으로 유발하는 웃음
풍자	㉣ •		• ❹	말에서 느껴지는 가락

정답

1. ㉠-④
   ㉡-②
   ㉢-①
   ㉣-③

맥락(시대) 중심으로 감상하고 표현해요

1) 사회 · 문화 · 역사적 배경을 바탕으로 작품을 이해해요

인도인 친구는 추석에 한국 음식을 대접하려는 내 초대에 왜 경악했을까

요? 인도에서는 소를 신성시합니다. 만약 내가 인도의 문화에 대해 잘 알았

더라면 친구를 초대하더라도 소고기가 들어간 음식을 대접하는 데 조심했을 것입니다. 자신이 속한 문화의 관점에서는 호의나 배려이지만, 다른 문화에 속한 이의 관점에서 보면 배려가 아니라 무시가 될 수 있습니다. 이처럼 사회·문화·역사적 배경은 사람들이 관계를 맺으면서 서로를 이해하는 데 중요한 역할을 합니다. 사회적 배경, 문화적 배경, 역사적 배경은 비슷해 보이지만 서로 다른 측면이 있습니다.

	뜻
사회적 배경	사회에 관계되거나 사회성을 지닌 어떠한 사물, 사건, 생각 따위의 배후에 숨겨진 사정이나 인물의 행위가 벌어지는 물리적, 정신적인 시간이나 장소
문화적 배경	어떤 사람이 자신이 속한 민족, 인종, 사회 경제적 계층, 성별, 언어, 지역 따위에 따라 다양하게 지니는 문화적 경험의 총체
역사적 배경	특정 시간과 장소에 존재했던 사회적, 종교적, 경제적, 정치적 조건

그런데 자세히 보면 서로 겹치는 부분이 많습니다. 그래서 사회적, 문화적, 역사적 배경이 함께 묶여 제시되는 것이겠죠. 예를 들어, 인도에서 소고기를 먹지 않는 것은 인도의 문화적 특징이지만 인도라는 장소와 특정 시간

에 형성된 관념이라는 사회적 배경으로도 볼 수 있으며, 특정 시간과 장소에 존재하는 종교적, 정치적 조건이라는 역사적 배경으로 볼 수도 있기 때문입니다.

이처럼 문학 작품의 해석에 큰 영향을 미치는 사회적 배경, 문화적 배경, 역사적 배경은 문학 작품에 직접적으로 드러나기도 하고, 또 어떤 경우에는 작품에 직접적으로 드러나지 않기도 합니다. 그럴 때는 작품이 기술된 전후 관계를 고려해야 합니다.

(가) 사회·문화·역사적 배경이 작품에 드러난 경우

> 개 꼬리 같은 조 이삭 세 줄기와
> 닭 창자같이 비틀어진 고추 한 꿰미
> 깨진 항아리 새는 곳은 헝겊으로 때웠으며
> 무너져 앉은 선반은 새끼줄로 얽었도다.
> 구리 수저 이정에게 **빼앗긴** 지 오래인데
> 엊그젠 옆집 부자 무쇠솥 앗아 갔네.
> 닳아 해진 무명 이불 오직 한 채뿐이라서
> 부부유별 이 집엔 가당치 않네.
> 어린 것 해진 옷은 어깨 팔뚝 다 나왔고
> 날 때부터 바지, 버선 걸쳐 보지 못하였네.
> 큰아이 다섯 살에 기병으로 등록되고

세 살 난 작은놈도 군적에 올라 있어

두 아들 세공으로 오백 푼을 물고 나니

빨리 죽기 바라는데 옷이 다 무엇이랴.

－정약용, 〈적성촌에서〉에서

인용 시는 정약용이 1794년 임금으로부터 경기도 암행어사의 명을 받아 지금의 연천 지방을 순찰하고 쓴 한시를 우리말로 옮긴 것입니다. 이 작품에는 당시 농민들의 비참한 삶과 지방관리와 아전들의 횡포가 적나라하게 드러나 있습니다.

암행어사 정약용이 살핀 촌민들의 집에는 먹을 것이라고는 '조 이삭 세 줄기'와 '닭 창자같이 비틀어진 고추 한 꿰미' 밖에 없었습니다. 당시 처참한 백성들의 삶은 '무너진 항아리', '무너 앉은 선반대'라는 말에서 직접적으로 느낄 수 있습니다. 특히 '무너진'이라는 표현은 백성들의 삶이 무너졌다는 것을 상징적으로 보여줍니다.

더불어 이 시에는 당시 지방관리와 아전들의 횡포가 직접적으로 진술되어 있습니다. 다섯 살짜리 아이를 기병으로 등록하고, 세 살 밖에 안되는 아이를 군적에 올린 후 세금을 물린 탓에 집에 남은 것이 없어 죽기를 바란다는 표현에서 당시 지방관리의 횡포가 얼마나 심했는지 파악해볼 수 있습니다.

이처럼 〈적성촌에서〉는 당시 백성들의 궁핍한 삶과 지방관리의 횡포가 횡행하는 사회적이고 역사적인 상황을 직접적으로 드러내고 있습니다. 누구든지 이 작품을 읽으면서 고통스러워하는 백성들의 모습과 그런 백성들을 착취하는 지방관리의 횡포를 쉽게 파악할 수 있을 것입니다.

(나) 사회·문화·역사적 배경이 작품에 드러나 있지 않은 경우

이런들 어떠하리 저런들 어떠하리

만수산 드렁칡이 얽혀진들 어떠하리

우리도 이같이 얽혀져 백 년까지 누리리

―이방원, 〈하여가〉

이 몸이 죽고 죽어 일백 번 고쳐 죽어

백골이 진토 되어 넋이라도 있고 없고

님 향한 일편단심이야 가실 줄이 있으랴

―정몽주, 〈단심가〉

우선 두 작품과 관련된 사회적, 역사적 배경을 모르는 상태로 작품을 감상해봅시다. 두 작품을 둘러싸고 있는 역사적 상황을 모른다면 〈하여가〉는 이렇게 살아가든 저렇게 살아가든 아무런 상관이 없으니 우리 둘이 함께 세상을 살아가자는 인생에 대한 태도를 보이는 작품으로 읽을 수 있습니다. 여기에서 우리 둘은 친구일 수도 있고, 부부일 수도 있으며, 심지어는 나와 자연일 수도 있습니다. 〈단심가〉 또한 임에 대한 변치 않은 사랑을 표현한 서정 시조라고 읽을 수 있을 것입니다. 연인 사이의 사랑이라는 측면에서 두 작품을 읽으면 〈하여가〉는 잘살든 못살든 '사랑하는 이와 영원히 살고 싶다'라는 염원이 담긴 작품으로 읽히고, 〈단심가〉는 이에 대한 답으로 '이 세상에 어떤 회유나 어려움이 닥치더라도 사랑하는 그대에 대한 마음은 변하지 않을 것이라고 다짐하는 작품'으로 읽을 수 있습니다.

이번에는 이 두 작품을 둘러싼 역사적 배경을 고려하면서 감상해봅시다. 〈하여가〉는 조선을 건국한 이성계의 아들 이방원이 고려의 충신 정몽주에게 함께 일하자고 회유하는 작품입니다. 이방원은 정몽주에게 저 만수산 칡넝쿨이 저리 얽혀 있다 한들 그것을 탓하는 백성이 없듯이, 백성에게는 나라가 고려든 조선이든 상관이 없으니 같이 일하자고 설득합니다.

이방원의 〈하여가〉에 대해 정몽주가 답한 것이 〈단심가〉입니다. 정몽주는 일백 번 고쳐 죽더라도 뜻이 변하지 않으리라 답하면서 이방원의 제안을 거절하였고, 결국 이방원의 부하들에 의해 선죽교에서 죽임을 당하였습니다. 조선의 개국 과정에서 반대파의 주장을 대변하였던 이 노래가 개국 후에는 신하의 충성심을 나타내는 노래로 널리 퍼졌다고 합니다.

위 두 시조는 고려가 몰락하고 새로운 나라인 조선이 세워지는 역사적 교체기라는 역사적 상황을 잘 보여주는 작품입니다. 그렇지만 위 두 작품에는 당시의 시대적이고 역사적인 상황을 드러내는 말이나 사건 등은 보이지 않습니다. 구시대가 몰락하고 새로운 시대가 열리는 역사적 상황이 작품의 창작 배경으로 작동하고 있다는 것을 발견할 수 있습니다. 이렇게 사회적이고 역사적인 상황이 작품의 겉으로 드러나지는 않지만, 역사적 상황과 깊이 관련이 있는 작품을 감상하기 위해서는 작품을 둘러싼 사회적 맥락이나 상황이 없는지 살핀 후에 감상할 필요가 있습니다.

문학 작품을 감상할 때는 대개 먼저 문학 작품의 표현과 구조를 살펴보게 됩니다. 어떤 시각이나 관점을 배제한 상태에서 표현과 구조를 보고 작품의 전개 방식이나 전달하고자 하는 의미 등을 탐색하는 단계가 필요합니다. 그러다 보면 의미가 잘 드러난 부분도 있지만 어떤 부분은 잘 이해가 되지 않고, 다른 자료의 도움을 받으면 더 잘 이해되는 경우도 있을 것입니다.

문학은 사회의 양상이 작가의 내부로 들어와 언어로 표출된 것이라는 점에서 사회, 정치, 경제 등과의 관련성도 고려하면서 문학 작품을 감상할 필요도 있습니다. 나아가 문학 작품을 감상할 때는 넓은 의미에서의 윤리와 문화 등과의 관련성에도 유의해야 합니다. 이러한 관점에서 보자면 문학 작품은 사회·문화적 요소가 복합적으로 상호 작용하여 생겨난 것이기 때문에 문학 작품을 제대로 이해하려면 그것(문학 작품)을 낳게 한 사회문화적 환경이라는 넓은 맥락 속에서 감상해야 합니다. 곧 문학과 현실 생활과의 관계나 문학의 사회적 기능이나 유용성 등을 고려하면서 문학 작품을 감상해야 한다는 뜻이라고 볼 수 있습니다.

감자꽃

자주 꽃 핀 건 자주 감자,
파보나 마나 자주 감자.

하얀 꽃 핀 건 하얀 감자,

파보나 마나 하얀 감자.

－권태응, 〈감자꽃〉

특히 역사·사회·문화적 상황이 작품에 겉으로 드러나 있지 않은 경우에
도 역사적·문화적 상황과 연관되어 있을 수 있다는 점을 항상 고려할 필요
가 있습니다.

권태응은 1918년 충북 충주에서 출생하였습니다. 일본 와세다 대학 재학
시절 자신처럼 도쿄에 유학하러 온 20여 명의 동기생을 모아 33회라는 비
밀 결사를 조직하여 활동하다 일경에 체포되었지요. 이후 스가모 형무소에
서 감옥살이를 하다 폐결핵 3기의 몸이 되어 병보석으로 출옥합니다. 귀국
후 농촌계몽운동 등을 하였고, 결국 폐결핵으로 인해 인천 적십자요양원 등
을 전전하다 1951년 젊은 나이에 죽음을 맞습니다.

위와 같은 역사적 사실을 고려할 때 이 시에는 식민지 체제에 항거하고
민족정신을 일깨우는 뜻이 숨어 있다고 볼 수도 있습니다. 하얀 꽃이 피면
하얀 감자가 나고, 자줏빛 꽃이 피면 자주색 감자가 나듯이, 일본인은 일본
인이고 한국인은 한국인일 뿐이라는 것을 강조하는 것입니다. 여기에는 창
씨개명을 통해 한국인을 일본인화하려는 총독부의 방침을 비판하는 뜻이
담겨 있습니다.

문학 작품에는 작품이 창작된 당시의 사회·문화·역사적 배경이 깃들어
있습니다. 쉽게 말해서 신라시대에 창작된 작품에는 신라시대 사람들이 살
았던 시간과 공간이 기술되어 있을 것이고, 북유럽 신화에는 북유럽 사람들

의 삶과 문화가 깃들어 있을 것입니다. 이렇듯 작품에 깃들어 있는 당시의 사회·문화·역사적 배경을 이해하는 것은 작품의 의미를 파악하고 깊이 있게 감상할 수 있는 감상 방법입니다.

사회·문화·역사적 배경은 문학 작품에 직접 드러날 수도 있고, 간접적으로 작품 창작의 배경으로 작용할 수도 있습니다. 특히 문학 작품에 직접적으로 드러난 경우에는 작품에 등장하는 인물의 말과 행동, 인물들 간의 관계, 다양한 사건 등을 통해 작품의 시회문화적 상황을 파악할 수 있습니다. 문학 작품에 드러난 사회·문화·역사적 배경을 파악하는 것은 작품 전체의 의미와 주제를 깊이 있게 이해할 수 있게 하는 중요한 감상 방법입니다.

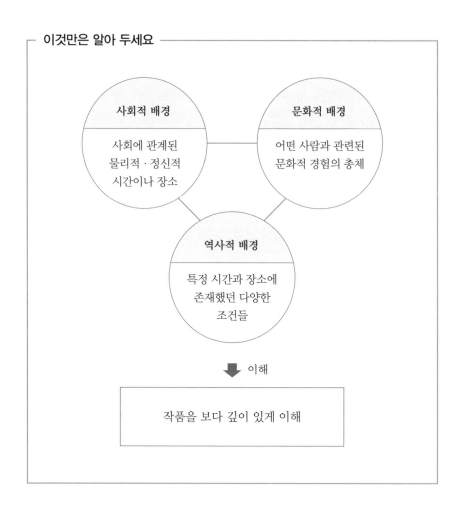

풀어 볼까? 문제!

1. 오른쪽의 내용에 해당하는 개념을 왼쪽의 ( )에 써보세요.

	뜻
(㉠) 배경	사회에 관계되거나 사회성을 지닌 어떠한 사물, 사건, 생각 따위의 배후에 숨겨진 사정이나 인물의 행위가 벌어지는 물리적, 정신적인 시간이나 장소
(㉡) 배경	어떤 사람이 자신이 속한 민족, 인종, 사회 경제적 계층, 성별, 언어, 지역 따위에 따라 다양하게 지니는 문화적 경험의 총체
(㉢) 배경	특정 시간과 장소에 존재했던 사회적, 종교적, 경제적, 정치적 조건

2. 다음 중 문학 작품을 읽을 때 사회 · 문회 · 역사적 배경을 고려하여 읽어야 하는 것과 관련이 적은 문항을 골라보세요.

① 문학은 사회의 거울이다.
② 문학은 시대를 반영한다.
③ 문학은 역사의 산물이다.
④ 문학에는 문화가 깃들어 있다.
⑤ 문학은 구조와 체계의 산물이다.

정답

1. ㉠-사회적

   ㉡-문화적

   ㉢-역사적

2. ⑤

2) 과거의 삶이 반영된 작품을 오늘날의 삶에 비추어 감상해요

*강비: 작은 어머니

    위의 만화는 조선을 건국한 이성계가 왕위를 서자인 방석에게 물려주자 셋째 아들인 방원이 반발하여 동생을 죽인 상황을 보여줍니다. 평소 역사에 관심이 많은 학생에게는 낯설지 않은 내용일 것입니다. 그런데 이성계가 이상한 말을 하네요. '내가 너무 어려 너의 흉포함을 알지 못했구나!' 허연 수염이 난 할아버지가 너무 어리다니요? 무슨 뜻일까요? 비밀은 '어리다'라는 말에 있습니다. 조선 시대에 '어리다'는 '어리석다'라는 의미로 쓰였습니다. 국어 시간에 언어의 역사성을 공부하며 배운 사람도 있을 것입니다. 언어의 역사성이란 언어가 시간이 지남에 따라 생성, 변화, 소멸하는 것을 가리킵니다. '어리다'의 의미가 바뀐 것은 언어의 변화에 해당합니다. 이런 의미의 변화를 생각하지 않고 오늘날의 관점에서 '내가 너무 어려 너의 흉포함을 알지 못했구나!'를 해석하면 말의 뜻이 통하지 않게 됩니다.

 과거의 삶이 담긴 문학 작품을 감상할 때도 시대의 변화를 고려하면서 작품을 감상할 필요가 있습니다. 그러기 위해서는 문학 작품에 반영된 과거의 삶과 오늘날의 삶을 비교할 수 있어야 합니다. 과거의 삶을 오늘날의 삶과 비교할 때는 오늘날의 삶을 우위에 놓고 판단하기보다는 과거의 삶에 공감하고 이해하면서 비교하는 태도를 지닐 필요가 있습니다. 또 자신의 상황에서 주체적으로 작품을 수용해야 합니다. 나아가 문학 작품에 담긴 인간 삶의 보편성과 특수성을 이해할 필요가 있습니다.

(가) 문학 작품에 반영된 과거의 삶과 오늘날의 삶을 서로 비교해요

 길동이 점점 자라 여덟 살이 되어 총명이 다른 사람보다 뛰어나 하나를 들으면 백을 통하니 공이 더욱 사랑하고 귀히 여기나 근본이 천한 태생이라. 길동이 늘 아버지를 아버지라 부르고 형을 형이라 부르면 문득 꾸짖어 못하게 하니, 길동이 열 살이 넘도록 감히 아버지와 형을 부르지 못하고 비복(신분이 낮은 종)들이 천대하는 것을 뼈에 사무치도록 원통히 여겨 마음을 안정시키지 못하였다. 음력 구 월 십오 일에 밝은 달은 환하게 비치고 맑은 바람은 쓸쓸하여 사람의 외로운 마

음을 부채질하는지라, 길동이 서당에서 글을 읽다가 문득 책상을 밀치고 탄식하였다.

"대장부가 세상에 나서 공자와 맹자를 본받지 못할 것 같으면 차라리 병법을 외워 대장임을 나타내는 도장을 허리에 비껴차고 동쪽, 서쪽을 정벌하여 나라에 큰 공을 세우고 이름을 만대에 빛냄이 대상부의 할 일이라. 옛사람이 이르기를 왕후장상이 씨가 없다 하였으니 나를 두고 이르는 말인가. 가난하고 보잘것없는 백성도 부형을 부형이라 하는데 나만 부형을 부형이라 못하니 심장이 터질 지경이라. 어찌 통탄하고 한탄하지 않으리오."

하고 말을 마치며 뜰에 내려가 검술을 공부하였다. 마침 공이 또한 달빛을 구경하다가 길동이 배회하는 것을 보고 즉시 불러 물었다.

"네가 무슨 즐거움이 있어 밤이 깊도록 잠을 자지 아니하느냐?"

길동이 칼을 버리고 엎드려 절하며 말했다.

"소인이 마침 달빛을 사랑하거니와, 하늘이 만물을 만드심에 있어 오직 사람이 귀하오나 소인에게 이르러서는 귀함이 없사오니 어찌 사람이라 하오리까?"

공이 그 말을 짐작하나 짐짓 책망하였다.

"네가 지금 무슨 말을 하느냐?"

길동이 두 번 절하고 말했다.

"소인이 평생 서러운 것은, 대감의 정기로 당당한 남자가 되어 부모님이 낳아 길러주신 은혜가 깊은데, 아버지를 아버지라 못하고 형을 형이라 못 하오니 어찌 사람이라 하겠습니까?"

길동의 눈물이 단삼을 적시니, 공이 듣기에 비록 측은하나 만일 그 뜻을 위로하면 마음이 방자해질까 걱정되어 오히려 크게 꾸짖었다.

"재상집 천한 계집종 소생이 비단 너뿐 아니거늘 네 어찌 버릇없음이 이와 같으냐? 앞으로 다시 이런 말을 하면 눈앞에 두지 않으리라."

길동은 감히 한마디 말도 더 고하지 못하고 땅에 엎드려 눈물만 흘릴 뿐이었다. 공이 물러가라 명하니, 길동이 침소로 돌아와 슬퍼함을 그치지 않았다.

－허균, 《홍길동전》에서

허균이 집필한 최초의 한글 소설 《홍길동전》은 연산군 때 가평과 홍천 일대에서 활동했던 홍길동을 소재로 삼아 창작된 작품입니다. 실존 인물이었던 '홍길동'은 일반범법자가 아닌 의금부에서 체포하고 수사를 받는 중죄인이었습니다. 허균은 《홍길동전》에서 홍길동을 허구화하여 가부장적인 적서차별 제도를 강하게 비판하고 있습니다.

적서차별이란 적자와 서자를 구별하는 제도로, 어머니의 신분에 따라 신분이 정해지는 제도를 가리킵니다. 《홍길동전》에서 홍길동의 아버지는 높은 직책이라고 할 수 있는 판서였습니다. 본부인의 자식인 홍인형은 적자로서 양반의 자제로 받들어 모셨지만, 서자인 홍길동은 양반이 아닌 중인 취급을 받았습니다. 길동은 뛰어난 능력이 있었어도 서자인 탓에 '입신양명'을 할 수 없었고, 당시 지배 세력과 갈등을 겪다가 자신을 따르는 부하들을 이끌고 율도국으로 떠납니다.

적서차별 제도는 전근대 동아시아 사회에서 일반적인 제도였습니다. 서양에서도 로마 가톨릭의 발흥 이후 적서차별이 본격화되었다고 합니다. 유럽에 기독교가 뿌리를 내린 이후 가톨릭식 혼인제도는 혼인을 절대자의 은혜로 이루어지는 성스러운 일로 보고, 대개 혼외 관계는 사탄이 주재한 부정한 죄악으로 간주하였습니다. 혼외 자식은 일부 최상류층 권력자의 핏줄이 아니면 태어나서 세례를 받을 수 없고, 죽어서도 교회식 장례를 치를 수 없을 정도로 차별을 받았다고 합니다. 조선에서 서자는 적어도 중인이나 평민만큼의 생활이 가능했지만 서양에서는 아예 사람 취급을 받지 못한 것이죠.

몇백 년 전의 적서차별 제도를 오늘날의 관점에서 보자면 비인륜적이고 반인권적인 제도라고 볼 수 있습니다. 출생 신분에 의해 그 사람의 삶이 결정되는 비합리적인 제도이죠. 이처럼 중세 시대에는 인권이나 평등에 대한 관념이 약해 꽤 많은 사람이 차별을 받았습니다.《홍길동전》에서 볼 수 있는 것처럼 차별은 불만을 낳고, 불만을 가진 사람들은 불합리한 제도에 저항하며, 그 행동은 제도의 변경으로 나아가게 됩니다. 후일 정조가 서자 출신들을 규장각에 등용하고, 흥선대원군에 의해 완전히 철폐된 뒤에도 적서차별 제도는 계속되었습니다. 갑오개혁(1894~1895)으로 관직 임용에서의 서자들에 대한 불이익은 사라졌지만 서자를 차별하는 사회적인 관습은 1971년까지 존재하였다고 합니다. 법적으로는 사라진 뒤에도 무려 100년 넘게 관습적으로 남아 사회에 영향을 끼쳤다니 놀라지 않을 수 없네요.

　적서차별 제도에 대한 배경지식은《홍길동전》을 이해하는 데 도움이 됩니다. 만약 적서차별에 대해 알지 못할 때, 적서차별을 조사하고 보면《홍길동전》을 더 깊이 이해할 것입니다. 하지만 책을 읽다가 검색하거나 다른 자료를 찾아보게 되면 읽던 흐름이 단절되고 작품에 대한 몰입에 방해를 받을 수도 있습니다.

　인물이 처한 상황이나 심리에 공감하면서 책을 읽으면 자료가 없더라도 작품을 잘 이해할 수 있습니다. 아버지를 앞에 두고 아버지라 부르지 못하고 대감님이라고 부르는 길동의 마음은 어땠을지 헤아려 본다면 길동이 얼마나 마음이 아팠을지 공감할 수 있을 것입니다. 또 능력이 있는데도 불구하고 출신 신분 탓에 이름을 날리고 국가를 위해 봉사할 수 없다면 얼마나 상심이 되었을까요? 오늘날에는 출신 지역이나 집안에 따라 대접받는 풍습이 사라졌지만, 아직도 어딘가에는 그런 풍습이 남아있는 것을 생각하면 《홍길동전》은 옛이야기로 그치는 것이 아니라 오늘날에도 교훈과 영향을 주는 살아있는 이야기가 될 수도 있습니다.

(나) 자신의 상황에서 주체적으로 작품을 수용해요

'주체적으로 작품을 수용한다'라는 표현은 두 가지 의미를 갖습니다. 먼저 작품을 적극적으로 이해하고 감상한다는 의미입니다.《홍길동전》을 읽고 줄거리와 주제를 파악하는 데에서 나아가 자신의 관점에서 작품을 적극적으로 읽는 것을 의미합니다. 이는 작품의 이해에 머물지 않고 적극적인 감상으로 나아가는 것이라 할 수 있습니다.

《홍길동전》의 의미를 이해하기 위해서는 우선 작품의 줄거리를 이해하고 이를 바탕으로 주제를 파악해야 합니다. 그리고 앞에서 살펴보았듯이 작품을 깊이 이해하기 위해서는 홍길동이라는 인물이 살았던 시대에 대한 이해가 필요합니다.《홍길동전》을 창작된 시대의 관점이 아니라 오늘날의 관점에서만 보면 반인륜적이고 비인권적인 작품이 아닐 수 없습니다.

《홍길동전》에 등장하는 인물이나 상황에 공감하는 것이 작품 이해의 토대가 되지만 거기에만 머문다면 작품의 감상보다는 이해에 가깝습니다. 작품의 이해를 넘어서는 감상을 하기 위해서는 인물과 인물의 행동을 적극적으로 평가해야 합니다.

예를 들어,《홍길동전》은 '기이한 출생' ➡ '비범한 능력' ➡ '시련' ➡ '시련의 극복' ➡ '왕 또는 영웅'이 되는 영웅 이야기의 구조를 지니고 있습니다. 한 마디로 길동은 영웅이라는 이야기죠. 그런데 길동의 모든 행위가 영웅적이었을까요? 길동이 탐관오리의 재산을 빼앗아 가난한 사람들에게 나눠 준 행위는 길동을 영웅으로 생각하게 하는 행동입니다. 하지만 지금의 관점에서 볼 때 가난한 사람에게 나누어줬다고 해서 남의 물건을 빼앗은 행위가 정당화될 수 있을까요? 탐관오리의 재산을 빼앗고 그들을 징벌하는 길동의 행위에 대해서 카타르시스를 느낄 수 있지만, 도덕적이고 법률적인 관점에서 보자면 길동의 행위는 일종의 도적질에 해당한다고 볼 수 있습니다.

물론 허구적 이야기를 현실의 도덕적 관점에서 판단하는 것이 맞는가 하는 문제 제기가 있을 수 있습니다. 하지만 문학 작품에 기술된 현실은 실제 현실을 누군가의 관점에서 재현한 것이므로 그 관점에 대해 비평하고 평가해볼 수 있을 것입니다. 앞에서 언급했듯이 《홍길동전》의 길동은 실제 인물인 '홍길동'을 모델로 삼아 탄생한 인물입니다. 그리고 실제 홍길동은 강원도 홍천 근처에서 도적질하는 것으로 유명한 인물이었는데, 의적보다는 흉포한 도적에 가까웠던 것으로 보입니다. 《홍길동전》에서 길동이 영웅이 되기 위해서는 그가 한 행동들이 영웅적 행위이어야만 합니다. 그래서 허균은 길동의 도적질을 영웅적 행위로 만들 수밖에 없을 것입니다.

또 '작품을 주체적으로 수용한다'는 것은 타당하고 합리적인 근거를 들어 감상하고 비평하는 것을 의미합니다. 예를 들어, 《홍길동전》에서 길동이 자신을 따르는 부하들과 율도국으로 떠나는 것은 결국 적서차별의 문제를 해결하지 못하고 다른 공간으로 떠나는 것을 의미합니다. 자신이 문제라고 제기한 사회문제가 해결되기 전에 떠나는 모습을 보인 것이죠.

길동은 왜 사회를 바꿀 수 있는 출중한 능력과 따르는 사람이 있었는데도 결국 신분 질서 안에서 행동하고, 용인하고 말았을까요? 아마도 이는 이 소설의 작가인 허균의 신분과도 관련이 있을 것입니다. 허균은 평소 서자들과 어울리면서 서자들의 울분을 잘 알고 있었지만 본인은 사대부였기에 신분 제도를 갈아엎을 전복적 사고는 펼치지 못했을 것입니다. 비록 허구적 작품 이지만 조정을 뒤엎고 신분 질서를 타파할 정도의 내용을 넣기는 어려웠을 것입니다. 왜냐하면 중세 봉건사회에서 국가와 체제에 대항하는 내용을 썼 다가는 자신뿐 아니라 집안 전체가 초토화되는 엄벌을 받았을 것이기 때문 입니다. 그러므로 《홍길동전》은 체제 개혁적인 내용을 담고 있지만 결국은 체제를 인정하는 내용을 담은 영웅 이야기라고 볼 수 있겠네요. 이런 측면 에서 홍길동을 진정한 영웅이라고 보기 어렵다는 의견도 있습니다.

작품의 줄거리를 이해하고 이를 바탕으로 주제를 파악

↓

타당하고 합리적인 근거를 들어 감상하고 비평

(다) 인간 삶의 보편성과 특수성을 이해해요

문학 작품은 인간의 삶을 담고 있습니다. 문학은 시대를 초월하여 누구나 경험하는 희로애락과 같은 보편적 삶을 담기도 하고, 몇몇 사람만이 경험할 수 있는 특수한 삶을 담기도 합니다. 누구나 두루 경험할 수 있는 사랑, 꿈, 이별, 죽음 등을 다룬 문학 작품은 인간 삶의 보편성을 비추고, 특정 시대의 특수한 경험을 다룬 문학 작품은 인간 삶의 특수성을 반영하고 있습니다.

보편성	특수성
모든 것에 두루 미치거나 통하는 성질	일반적이고 보편적인 것과 다른 성질
자유, 평등, 박애, 평화, 행복 등 국가와 민족을 초월하여 전 세계 인류가 함께 공유하고 있는 것	인간이 살아가는 지역의 환경에 따라 고유한 언어, 풍속, 종교, 예술, 그리고 사회 제도 등이 다양한 모습을 보이는 것

(가)

펄펄 나는 저 꾀꼬리

암수 서로 정다운데

외로울사 이내 몸은

뉘와 함께 돌아갈꼬

—유리왕, 〈황조가〉

　(가)는 고구려 2대 왕인 유리왕이 지었다는 시조 〈황조가〉입니다. (나)는 우리에게 잘 알려진 전통민요 〈아리랑〉입니다. 두 작품 모두 나를 두고 떠나는 임에 대한 원망을 담고 있습니다.

　〈황조가〉를 지은 유리왕은 왕후 송 씨가 죽자 '화희'와 한나라 사람의 딸인 '치희' 두 여자를 후처로 삼았다고 합니다. 두 여인이 유리왕에게 사랑을 받으려고 서로 다투며 화목하지 않자 왕은 양곡에 동·서 2궁을 지어 각각 살게 하였다고 합니다. 그 후 왕이 기산으로 사냥을 나가 7일 동안 돌아오지 않자 두 여자가 서로 다투었는데, 치희가 한나라로 돌아갔다고 합니다. 왕이 말을 채찍질하여 좇았으나 치희는 돌아오지 않았고, 유리왕은 나무 밑에서 쉬다가 자신의 처지와 대비되는 꾀꼬리의 모습을 보고 〈황조가〉를 읊었다고 합니다.

나 보기가 역겨워

가실 때에는

말없이 고이 보내 드리우리다

영변에 약산

진달래꽃

아름 따다 가실 길에 뿌리우리다

가시는 걸음 걸음

놓인 그 꽃을

사뿐히 즈려 밟고 가시옵소서

나 보기가 역겨워

가실 때에는

죽어도 아니 눈물 흘리우리다

－김소월, 〈진달래꽃〉

김소월의 〈진달래꽃〉은 이별의 정서를 드러낸 대표적인 시입니다. 7.5조
3음보의 율격에 이별의 슬픔을 담았습니다. 특히 '나 보기가 역겨워 가실
때에는/ 죽어도 눈물 아니 흘리오리다'에는 자신을 떠나는 임이 떠나지 않
기를 바라는 화자의 역설적 마음이 담겨 있습니다.

〈황조가〉, 〈아리랑〉, 〈진달래꽃〉 모두 사랑하는 임과의 이별을 다루고 있습니다. 이별의 슬픔이 시대를 달리하여 흐르는 보편적 정서라고 할 수 있습니다. 그런데 이별을 대하는 태도가 조금씩 다릅니다. 〈황조가〉에서는 자신의 처지와 대비되는 꾀꼬리의 모습을 보면서 화자가 부러워하고 있으며, 〈아리랑〉에는 떠난 임을 강하게 원망하는 태도가 들어 있고, 〈진달래꽃〉에서는 떠나는 님을 보내고 싶지 않다는 마음을 역설적으로 표현하고 있습니다. 이렇듯 사랑하는 임과의 이별이라는 보편적 정서도 시대와 상황에 따라 다르게 표현됩니다.

과거의 삶이 반영된 작품을 오늘날의 삶에 비추어 감상하는 방법

(1) 문학 작품에 반영된 과거의 삶과 오늘날의 삶 비교하기

(2) 자신의 상황에서 주체적으로 작품을 수용하기

(3) 인간 삶의 보편성과 특수성 이해하기

풀어 볼까? 문제!

1. 다음은 과거의 삶이 반영된 작품을 오늘날의 삶에 비추어 감상하는 방법입니다.
   빈칸에 알맞은 말을 쓰시오.

> (1) 문학 작품에 반영된 과거의 삶과 오늘날의 삶을 □□ 해요.
>
> (2) 자신의 상황에서 □□□으로 작품을 수용해요.
>
> (3) 인간 삶의 □□□과 특수성을 이해해요.

2. 다음은 문학 작품을 주체적으로 수용하는 방법입니다. 감상 단계에 맞도록 (   )
   에 알맞은 말을 넣어 보세요.

> 작품의 줄거리를 이해하고 이를 바탕으로 (   )을/를 파악
>
> ↓
>
> 타당하고 합리적인 (   )을/를 들어 감상하고 비평

정답

1. (1) 비교, (2) 주체적, (3) 보편성

2. 주제, 근거

독자 중심으로 감상하고 표현해요

1) 근거의 차이에 따른 다양한 해석을 비교하며 감상해요

상황: 중요한 면접시험을 앞두고 친구들과 함께 책을 보고 있었는데 친구의 손에서 볼펜이 빠져 바닥에 떨어졌다.	
A: 아 이걸 어떡해! 너의 볼펜이 떨~어~졌~네!	B: 음, 펜이 바닥에 붙었군!

    이런 상황에서 여러분은 어떻게 말했을 것 같나요? A처럼 말했다면 같이 있던 친구에게 눈초리를 좀 받았을 것입니다. 왜냐하면 중요한 면접시험을 앞두고 '떨어진다'와 같은 표현은 혹시라도 좋지 않은 일이 벌어질까 해서 피하는 말이기 때문입니다. 반면에 B와 같이 대답했다면 불안해하던 친구에게 고맙다는 말을 들었을 것입니다. 이렇게 같은 상황이나 사건이 보는

각도에 따라 달리 보일 수 있습니다. 문학 작품도 같은 작품이 읽는 이의 시각에 따라 달리 읽힐 수 있습니다.

〈개미와 베짱이〉를 읽고 나누는 대화	
A: 개미는 평소에 부지런히 일해서 어려움이 닥쳐도 극복할 수 있을 거야!	B: 글쎄, 개미는 니무 인생을 즐길 줄 모르고 베짱이는 즐길 줄 아는 것 같은데?

《개미와 베짱이》를 읽고 나서, 개미는 부지런하고 성실하여 추운 겨울이 닥쳤을 때 이겨낼 수 있었다는 잘 알려진 대로 해석할 수 있습니다. 이와 달리 여름 내내 소리를 내는 베짱이의 특성을 고려하여 '베짱이는 삶을 즐길 줄 알지만, 개미는 인생을 즐기지 못하고 일만 하는 사람'이라고 이전과는 다르게 해석할 수도 있습니다.

우리는 앞서 원작이 재구성하는 사람의 의도에 따라 작품의 형식, 내용, 갈래, 맥락, 매체 등을 달리하여 표현될 수 있다는 것을 배웠습니다. 이와 유사하게 작품의 해석 방법이나 독자의 지식, 경험, 가치관 등에 따라 다양한 해석과 평가가 이루어질 수 있습니다. 재구성하는 사람의 의도가 창작자 중심의 감상과 표현이라면, 작품에 대한 독자의 반응은 작품을 수용하는 수용자 중심의 감상과 표현이라고 볼 수 있습니다.

독자의 지식, 경험, 가치관은 서로 다르기에 얼마든지 다양한 해석과 평가가 이루어질 수 있습니다. 하지만 다양한 해석이 가능하다고 해서 근거 없이 주관적인 생각을 늘어놓는 것은 바람직한 해석과 평가라고 볼 수 없습니다. 나양한 해석과 평가는 타당한 근거가 제시되었을 때 가능합니다. 다양한 해석과 평가 과정은 다음과 같습니다.

1) 작품의 내용을 정확히 파악한다.
2) 작품의 안과 밖의 여러 근거를 바탕으로 작품을 해석하고 평가한다.
3) 다른 사람의 해석과 비교하면서 자기 해석의 적절성을 검토한다.

위의 절차를 고려하여 한용운의 〈나룻배와 행인〉을 해석해볼까요?

나는 나룻배
당신은 행인.

당신은 흙발로 나를 짓밟습니다.
나는 당신을 안고 물을 건너갑니다.
나는 당신을 안으면 깊으나 옅으나 급한 여울이나 건너갑니다.
만일 당신이 아니 오시면 나는 바람을 쐬고 눈비를 맞으며, 밤에서
낮까지 당신을 기다리고 있습니다.

당신은 물만 건너면 나를 돌아보지도 않고 가십니다 그려.

그러나 당신이 언제든지 오실 줄만은 알아요.

나는 당신을 기다리면서 날마다 날마다 낡아갑니다.

나는 나룻배

당신은 행인.

-한용운, 〈나룻배와 행인〉

(가) 작품 내용 파악하기

인용 시는 한용운 시인이 쓴 〈나룻배와 행인〉입니다. 이 시에서 말하는 이는 누굴까요? 네, 바로 '나룻배'입니다. 앞서 시적 화자는 시인이 시를 이끌어 가기 위해 만들어낸 대리인이라고 했습니다. 이 시의 시적 화자는 사람인 아닌 '나룻배'를 화자로 삼았습니다.

그런데 왜 시인은 '나룻배'를 화자로 삼았을까요? 그 이유는 나룻배의 속성에 있습니다. 나룻배는 배에 탄 사람을 강이나 호수의 이쪽에서 저쪽으로 건너게 해줍니다. 만약 나룻배가 없다면 행인은 두 물가를 잇고 있는 다리를 찾아 물을 건널 수밖에 없습니다. 나룻배는 다리가 없는 곳처럼 자연에 가로막혀 이동이 어려운 곳에서 훌륭한 이동 수단이 될 수 있습니다. 또 나룻배는 배에 탄 사람들이 짓밟건 말건 아무런 불만을 터뜨리지 않고 묵묵히 기다릴 뿐입니다. 시인은 이런 나룻배의 속성을 고려하여 나를 나룻배에 비유한 것입니다. 나룻배의 속성은 나의 속성이 됩니다.

〈나룻배와 행인〉에서 '당신'은 화자가 존경하고 사랑하는 시적 대상입니다. 화자는 사랑하고 존경하는 당신을 위해 흙발에 짓밟히면서도 당신이 물을 건너게 해줍니다. 하지만 당신을 물을 건넌 후에는 화자를 쳐다보지도 않고 가버렸고, 화자는 그런 매정한 당신이 올 때까지 눈비를 맞으며 하염없이 기다리고 있습니다.

(나) 작품의 안과 밖의 여러 근거를 바탕으로 작품을 해석하고 평가해요

당신에 대한 화자의 헌신적인 태도는 이 시의 분위기 및 주제와 관련이 있습니다. 화자가 당신에 대해 무한한 존경을 보이지만, 당신은 화자를 무시하고 천대합니다. 그렇지만 화자는 속상해하거나 화를 내지 않고 당신이 돌아올 때까지 '눈비를 맞으며'(고난과 역경을 견디며) 당신을 기다립니다. 이 태도에서 당신을 향한 화자의 조건 없는 복종과 사랑을 읽을 수 있습니다. 그렇다면 '당신'이 누구길래 화자는 이토록 수모를 이겨내면서 당신을 기다리고 있을까요?

'당신'의 의미는 독자가 처한 상황이나 경험, 가치관에 따라 다르게 이해될 수 있습니다. 만약 사랑에 빠진 독자라면 이 시를 연인에 대한 조건 없는 일방적인 사랑으로 읽을 수 있을 것입니다. 사랑하는 연인을 위한 희생에 대해 그 어떤 응답을 받지 못했지만 아무런 불만 없이 사랑하는 연인을 기다리는 무조건인 사랑으로 읽을 수도 있을 것입니다.

또 이 시가 쓰였던 시기가 일제 강점기라는 역사적 상황을 고려하면 '당신'은 바라고 바라지만 쉽게 이루어지지 않는 '조국의 독립'이라고 볼 수 있습니다. 독립된 조국은 늘 부재의 상태지만, 그 조국의 일원인 나는 조국이 독립되는 날까지 그 어떤 고난이나 역경을 이겨내면서 영원히 기다리겠다는 의미로 이 시를 읽을 수 있습니다.

만약 종교적 진리에 관심이 많은 독자라면 '당신'은 잡힐 듯 잡히지 않는 '종교적 진리 또는 깨달음'이라고 볼 수 있습니다. 이런 경우 화자인 나는 종교적 진리를 추구하는 구도자로서 진리나 깨달음을 얻을 때까지 그 어떤 고난이나 역경이라도 이겨내면서 수행하겠다는 의지가 담겨 있는 작품으로 읽을 수도 있습니다.

(다) 다른 사람의 해석과 비교하면서 자기 해석의 적절성을 검토해요

그렇다면 왜 문학은 해석이 필요할까요? 문학 작품에는 일상 언어와 달리 표면적으로 드러난 의미 이외에 함축적인 의미를 갖는 언어가 사용되기 때문입니다. 문학 작품에서는 표현된 것과 의미하는 것이 다를 수 있습니다. 우리가 일반적으로 사용하는 언어가 시나 소설로 표현되면 작품의 문맥 안에서 다른 의미를 갖게 되는 것입니다. 〈나룻배와 행인〉에서도 볼 수 있었듯이, '나룻배', '행인', '당신'은 그 기본적인 뜻 이외에 시의 문맥에서 다양한 의미를 갖습니다. 이렇게 시어들이 어떤 맥락에서 새로운 의미를 지니고 있는가를 풀어주는 것이 해석입니다. 해석은 일상 언어가 시어로 표현되면서 숨겨진 의미를 지니게 될 때 그 숨겨진 의미를 풀어주는 행위입니다. 고대의 점술사가 하늘의 별자리를 보면서 인간사의 일을 풀어내듯이, 독자는 문학 작품에 쓰인 언어들을 통해 작품의 의미를 풀어보는 것이죠. 그러므로 어떤 작품에 수많은 독자가 있다면 수많은 해석도 있을 것입니다.

문학 작품의 의미는 어느 하나로 정해진 것이 아니라 다양한 관점에서 새롭게 해석될 수 있습니다. 그렇다고 해서 아무런 근거 없는 주관적 해석이 가능하다는 말은 아닙니다. 문학 작품의 안팎에서 타당한 근거를 찾아 제시했을 때 비로소 해석이 타당성을 가질 수 있습니다. 문학 작품에 대한 자신의 해석과 다른 사람의 해석을 비교해보면 자신이 해석이 타당한지를 파악할 수 있습니다. 다음은 〈나룻배와 행인〉을 새롭게 해석한 글입니다. 이 글을 보고 글쓴이의 해석이 타당한지 생각해봅시다.

시간은 어쩌면 우리를 새로운 곳으로 실어 주는 나룻배와 같고, 우리는 그 배에 실려 가는 행인인 듯하다. 우리는 가고 싶은 곳을 가고 나면, 우리를 태우고 그곳까지 간 나룻배를 돌아보지 않고 제 갈 길에 바빠 터벅터벅 가버리고 마는지도 모른다.

그러나 세월은 우리를 안고, 깊으나 얕으나 또는 급한 여울이나 가리지 않고 건너간다. 우리가 기다리지 않아도 미래의 시간조차 우리를 기다리면서 바람을 쐬고, 눈비를 맞으며 밤에서 낮까지 기다리고 있다. 우리가 그 시간과 언젠가는 기어코 만날 줄 알기 때문일 것이다. 그 만남의 순간들은 모두 우리 인생에 기록되는 세월의 가락이요, 잊혀질 수 없는 소중한 기록이다.

혹 현실의 나룻배는 날마다 날마다 낡아갈지 모르나, 우리 마음의 나룻배는 오래되었다고 낡아지지 않을 것이다. 우리의 인생행로를 새롭게 할 때마다 그 나룻배 안에 이전에는 없었던 기대와 희망 그리고 의지와 용기가 솟아난다면 말이다.

겨울이 우리를 뒤돌아볼 때, 우린 새로운 나룻배를 타고 있는 우리 자신의 모습을 보게 될 것이다. 그리고 우리의 시야에서 점점 멀어져 가는, 지금까지 우리를 안고 강을 건너온 나룻배를 향해 감사의 마음을 품게 될 것이다.

－대한기독교서회 편집부, 《나룻배와 행인, 그리고 시간의 얼굴》

인용 글의 내용에 여러분은 얼마나 공감하시나요? 이 글을 쓴 이는 〈나룻배와 행인〉에서 '행인'을 시를 감상한 독자로 보았고, 시의 화자인 '나룻배'를 시간(세월)으로 보았습니다. 우리는 시간이라는 나룻배로 세상을 건넌 후에 뒤(과거)도 돌아보지 않고 앞으로 나아가지만, 나룻배(미래)는 여전히 우리를 태우기 위해 밤낮으로 기다리고 있다고 보고 있네요. '나룻배와 행인'의 관계를 '시간과 인간'의 관계에 빗댄 것은 타당성이 있고 자연스러워 보입니다. 하지만 누군가는 이 감상문에 대해 다음과 같이 반박할 수 있습니다. 다음과 같은 해석을 읽고도 이 글의 해석이 타당하게 느껴지는지 생각해봅시다.

글쓴이는 앞부분에서 '나룻배'를 '시간'에, '행인'을 '인간'에 비유했으므로 돌아볼 수 있는 것도 행인이고 돌아보지 않는 것도 행인이다. 나룻배(시간)는 행인(인간)이 자신의 모습을 돌봐주기를 애타게 기다리고 있다. 다시 말해 앞만 보고 가는 인간에게 되돌아보기를 애타게 간청하고 있다. 여기에서 앞은 인간이 나아가고자 하는 미래를, 뒤는 인간이 걸어왔던 과거를 뜻한다고 볼 수 있다.

　그런데 '겨울이 우리를 돌아볼 때'라는 구절은 이 시의 구조와 흐름을 위반한 진술이다. 물론 이 글은 인간이 자기가 걸어온 과거를 되돌아보며 자신의 삶을 성찰한 후에 미래로 나아가기를 바라면서 쓴 듯하다. 그 취지나 의미에는 동의하지만 시상의 전개에 근거를 두고 진술한 내용이고, 또 시간과 나룻배의 역할 또는 상황을 바꿔 진술했기에 설득력은 좀 떨어지는 듯하다. '나룻배'를 '시간'에, '행인'을 '인간'에 비유한 것을 고려할 때, 이 구절은 시간이 인간을 뒤돌아본다는 의미로 파악되면서 시의 흐름에 어긋나기 때문이다. 그리고 만약 행인(인간)이 나룻배(시간)를 되돌아보게 되면 이 시에서 나룻배와 행인 사이의 팽팽한 긴장감은 사라지고, 이 시는 반성적 성찰을 강조하는 교훈적인 시로 변모될 것이다.

　이렇게 해석의 근거를 따져보면 그 해석이 타당한지 그렇지 않은지를 알 수 있습니다. 특히 어떤 작품을 해석했을 때 다른 사람의 의견을 들어보거나 다른 사람은 어떻게 해석했는지 비교해보면서 내 해석의 타당성을 평가할 수 있습니다.

3 . 바람직한 문학 작품의 감상과 표현

문학 작품은 어떤 방법이나 기준으로 읽느냐에 따라 작품의 의미가 다르게 파악됩니다. 작가 중심으로 문학 작품을 감상할 경우 작품의 의미는 작가의 삶과 사상 등에 따라 결정됩니다. 독자는 그 작품을 새롭게 읽어낼 수 없으며, 작가가 제공한 의미만 받아들이게 될 것입니다.

맥락(시대) 중심으로 문학 작품을 감상할 경우, 작품의 의미는 작가가 처한 시대적 상황에 의해 결정되며, 그렇게 결정된 의미만 받아들이게 됩니다.

작품 중심으로 감상할 때 독자는 작품의 형식, 구조 등을 파악하면서 의미를 찾게 됩니다. 작가나 맥락 중심으로 감상할 때보다 다양하게 읽힐 가능성은 있지만 '말하는 이', '비유와 상징', '갈등' 등의 기능과 역할에 대한 사전 지식이나 경험이 필요합니다. 또 그것들을 통해 결정된 의미가 고정되어 새로운 해석을 방해할 수도 있습니다.

독자 중심의 감상은 문학 작품의 의미가 고정된 것이 아니라 독자의 지식, 경험, 가치관에 따라 다양한 의미를 가질 수 있다는 것을 의미합니다. 하지만 타당한 근거 없이 문학 작품을 새롭게 읽는 데만 치중하면 문학 작품을 잘못 읽을 가능성이 큽니다.

감상의 중심	핵심어	치우쳤을 경우
작품	작품의 구조, 형식 등	작품의 의미가 특정 구조에 따라 결정될 수 있음
작가	작가의 생애, 사상 등	작품의 의미가 작가의 생각에 국한될 수 있음
시대 (맥락)	역사적 사회적 문화적 상황 등	작품의 의미가 작가가 처한 시대적 상황에 따라 결정될 수 있음
독자	독자의 경험, 관점 등	근거가 부족할 경우 작품을 잘못 읽을 가능성이 있음

이처럼 문학 작품은 작가, 작품, 맥락(시대), 독자 등 다양한 차원 또는 방법으로 읽을 수 있으며, 그에 따라 작품을 다르게 읽고 평가할 수 있습니다. 또 각각의 감상 방법은 작가의 의도, 작품의 구조, 시대적 맥락, 독자의 반응 등의 기준을 가지고 작품의 의미를 파악할 수 있습니다. 하지만 문학 작품을 감상할 때 어떤 방법은 옳고 어떤 방법은 그르다거나, 어떤 방법은 우월하고 어떤 방법은 뒤처진다고 말할 수는 없습니다. 다만 어떤 작품의 의

미를 파악하는 데 어떤 감상 방법이 조금 더 적합한지 판단할 수 있습니다.

앞서 〈오줌싸개 지도〉에 대한 감상처럼 동일한 작품을 다양한 방법으로 감상할 수 있습니다. 여러 가지 감상 방법 중에서 이 시의 주제와 깊은 관련이 있어 보이는 감상 방법은 작가 중심, 맥락(시대) 중심의 감상일 것입니다. 하지만 문학 작품의 감상이나 해석에서 먼저 수행할 필요가 있는 것은 작품의 내용을 정확하게 이해하는 것입니다. 작품을 이해하기 위해서는 작품의 구조와 형식을 정확하게 이해할 필요가 있습니다.

작가, 맥락(시대), 독자 중심으로 읽기 이전에 기본적으로 작품 중심으로 읽으면서 형식과 내용을 정확히 파악한 후 작품에 적합한 다른 감상 방법을 도입하는 것이 작품을 보다 정확하고 폭넓게 감상하는 방법이 될 것입니다. 더 정확히는 다양한 각도에서 다양한 감상 방법으로 작품을 감상할 때 작품의 의미가 좀 더 구체적으로 드러날 것입니다. 〈오줌싸개 지도〉의 의미가 작품의 구조, 작가의 의도, 시대적 맥락 등의 다양한 층위를 고려하여 해석할 때 비로소 구체적이고 정확하게 드러나듯이 말이죠.

지금까지 문학 작품을 작품 중심, 작가 중심, 맥락(시대) 중심, 독자 중심으로 수용하고 생산하는 방법에 대해 배웠습니다. 이를 통해 여러분은 문학 작품을 어떻게 감상하고 표현하는지 이해하게 되었을 것입니다. 교과서 등에서 제시한 기준에 따라 문학 작품을 감상한 후 자기의 생각과 비교해 보는 적극적인 독자로서 감상에 참여한다면 문학 작품을 좀 더 깊이 있게 감상할 수 있으며, 이를 토대로 자신의 경험과 생각을 문학적으로 표현할 수 있을 것입니다.

근거의 차이에 따른 다양한 해석을 비교하며 감상하기

(1) 작품의 내용을 정확히 파악하기

(2) 작품의 안과 밖의 여러 근거를 바탕으로 작품을
해석하고 평가하기

(3) 다른 사람의 해석과 비교하면서 자기 해석의 적절성을
검토하기

풀어 볼까? 문제!

1. 다음은 근거의 차이에 따른 다양한 해석을 비교하며 감상하는 방법입니다.
   빈칸에 알맞은 말을 써 보세요.

   (1) 작품 □□ 파악하기

   (2) 작품의 안과 밖의 여러 □□을/를 바탕으로 작품을 해석하고 평가하기

   (3) 다른 사람의 해석과 □□ 하면서 자기 해석의 □□□을/를 검토하기

2. 바람직한 문학 작품의 감상 방법은 무엇인지 간단히 쓰시오.

정답

1. (1) 내용, (2) 근거, (3) 비교, 적절성

2. 작품의 구조, 작가의 의도, 시대적 맥락 등의 다양한 층위를 고려하여 작품을 감
   상한다.

수정

다음 글쓰기 시간 준비 잘 되어가니?

거울을 소재로 글 쓰는 거 말이야?

수정

응, 그런데 어떻게 할지 잘 모르겠어. 나는
평소에 거울도 잘 안 보는데….

거울이 가지고 있는 상징적 의미를
생각하면 도움이 되지 않을까?

수정

거울은 자기 앞에 있는 사물을 비추어 주지.
그런데 그게 의미하는 게 있을까?

'문학은 사회를 비추는 거울이다'라는
말도 있잖아. 문학 작품에는 그 작품이
창작된 시대의 사회상과 사람들의 삶이
들어가 있잖니? 그래서 문학 작품을 보면
당시의 시대적 분위기나 당시의 삶을 알
수 있고 말이야.

수정

앞에서 배운 '문학은 시대를 반영한다'라는
말과 비슷한 말이네.

그렇다면 '문학은 시대의 거울이다'라고
말할 수도 있겠어.

맞아. 그리고 문학은 시대나 사회뿐 아니라
'나를 비추는 거울'이 될 수도 있어.

 수정

그게 무슨 말이니? 감이 잘 안 오는데?

문학 작품에는 당시 사람들의 삶도
들어있다고 했잖아. 이 말은 문학 작품을
보면 당시 사람들이 어떻게 살았는지를
구체적으로 보고 들을 수 있다는 거야.

 수정

그게 '나를 비추는 거울'과 무슨 상관이 있는 거야?

어떤 시대나 상황에서 사람들이 어떻게
살았는지를 보면서 나를 되돌아보는
거야. 예를 들어, 6.25 전쟁을 배경으로
쓰인 《몽실언니》에서 '몽실'이가
동생들을 돌보면서 가난한 집안을
이끄는 모습을 보고 작은 일에도 투정을
부리는 나를 되돌아본다면, 문학 작품이
나를 되돌아보게 하는 거울의 역할을 한
셈이지.

1. 문학은 타자와 나를 비추는 거울이에요

산골에 사는 한 여자가 서울 시장에는 둥글기가 보름달 같은 청동 거울이 있다는 말을 듣고 그 거울을 한번 보기를 원하였으나 기회가 없었다. 그러던 어느 날 그녀의 남편이 서울에 가게 되었는데 마침 보름 때였으므로 그녀는 거울이란 말을 몰라서 저 달처럼 생긴 물건을 사 오라고 하였다.

그런데 남편이 서울에 도착하여 달을 보니 반달이 되었으므로 아내가 원한 것이 빗인 줄 알고 빗을 사 왔다. 돌아온 남편에게 아내가 보름달을 가리키며 자신이 요구한 것이 빗이 아니라고 하자, 그는 서울의 달과 시골의 달의 다름이 괴이하다고 하였다.

그 후 남편이 다시 서울에 가서 거울을 사 왔다. 부인이 거울을 보자 거울 속에 여자가 있으므로 평소 자기 얼굴을 본 적이 없던 부인은 남편이 여인을 데려온 것으로 오해하고 화를 내었다. 남편이 거울 속을 보니 웬 남자가 있으므로 아내가 사나이를 원하였던 것으로 알고 분노하였다. 그 일로 부부가 서로 다투다가 끝내는 관가에 송사하였

다. 그런데 원님이 그 거울을 들여다보니 거울 속에는 관복을 입고 위
엄을 갖춘 관원이 있으므로 그 원님은 그것을 보고 신관이 부임한 것
으로 알고 놀랐다.

– 설화《거울을 처음 본 사람들》에서

위의 이야기는 거울을 모르던 사람들이 거울을 보면서 사건을 해학적으
로 풀어낸 이야기입니다. 이야기는 다양하게 펼쳐지는데, 부부가 서로 다
투다 거울을 깨뜨리기도 하고, 관가에 거울을 가지고 송사하러 가기도 합
니다.

조금은 우스꽝스러운 이 이야기에서 '거울'은 거울 앞에 선 사람을 그대
로 비추는 역할을 합니다. 거울에 비친 모습을 실제 모습과 동일시한 것이
죠. 이런 면에서 거울은 실제 모습을 반영한 것이 됩니다. 거울 앞에 남편
이 서면 남편을 반영한 것이고, 부인이 서면 부인을 반영하게 되는 것이죠.
그렇다면 거울 앞에 선 것이 나라면 거울은 나를 반영한 것이고, 거울 앞에
다른 이가 서면 거울은 그 사람을 반영할 것입니다. 나아가 거울 앞에 선 것
이 사람이 아니고 사회나 세상이라면 거울은 사회나 세상을 반영한 것이 됩
니다.

이쯤 되면 '문학 작품은 타자와 나를 비추는 거울이다'라는 말의 의미를
눈치챘을 것입니다. 거울 앞에 선 인물들이 거울에 비친 모습에서 자신을
발견했듯이, 문학 작품에 비친 모습들을 통해 타자와 나를 발견할 수 있을
것입니다.

그렇다면 문학 작품을 통해 타자와 나를 발견한다는 것은 무엇을 의미할까요? 문학 작품에는 타인, 곧 타자의 삶이 깃들어 있기에 우리는 문학 작품을 감상하면서 타자의 삶을 엿보고 간접적으로 체험할 수 있다는 것을 의미합니다. 또 문학 작품을 통해 나를 발견한다는 것은 문학 작품을 감상하면서 간접적으로 체험한 타자의 삶을 나 자신의 삶과 비교하면서 나를 되돌아보고 성찰할 수 있다는 것을 의미합니다.

2. 타자의 삶을 내면화하고, 나의 삶을 외면화해요

우리가 누군가로부터 무엇인가를 배우는 방법은 여러 가지가 있습니다. 학교나 학원에서 선생님으로부터 배울 수도 있고, 인터넷의 영상을 통해 배울 수도 있습니다. 또 다른 방법으로 타인의 경험과 삶이 담겨 있는 책이나 문학 작품을 통해 배울 수도 있을 것입니다. 그런데 우리가 누군가로부터 무엇을 배울 때는 배울 가치가 있는 것을 배우려고 하지, 아무것이나 배우려 하지 않을 것입니다.

사람들이 가치를 두는 것은 모두 같지 않습니다. 어떤 사람은 물질적인 풍요에 가치를 두기도 하지만 또 어떤 사람은 정신적인 평안함에 더 높은 가치를 부여하기도 합니다. 이처럼 가치는 사람마다 다른 주관성을 가지고 있습니다. 그러나 악하고, 추하고, 거짓된 것보다는 착하고, 아름답고, 진실에 가까운 것에 좀 더 높은 가치를 두는 것은 인지상정일 것입니다. 더군다나 내가 다른 사람으로부터 배우고 싶은 가치는 많은 사람이 바람직하다고 여기는 가치일 확률이 높습니다. 예를 들어, 시간이 지남에 따라 좀 더 성숙하는 방향으로 커가는 성장일 것입니다.

우리는 다른 사람이 어려움과 고민을 극복하고 더욱 성숙해지는 모습을 보면서 본받으려는 경향이 있습니다. 숱한 어려움을 이겨내고 건장하게 우뚝 선 모습을 본받으려 하는 것이죠. 이때의 성장은 육체적 성장을 가리키기보다는 정신적 성숙, 곧 정신적 성장을 가리킵니다.

멀리 동해 바다를 내려다보며 생각한다

널따란 바다처럼 너그러워질 수는 없을까

깊고 짙푸른 바다처럼

감싸고 끌어안고 받아들일 수는 없을까

스스로는 억센 파도로 다스리면서

제 몸은 맵고 모진 매로 채찍질하면서

−신경림, 〈동해 바다−후포에서〉에서

시의 화자는 동해 바다가 내려다보이는 후포의 바닷가에서 바다를 보면서 자신의 삶을 성찰하고 있습니다. 화자는 남에게 너그럽고 자신에게 박한 바다를 보면서 남에게 박하고 자신에게 너그러웠던 자신의 삶을 되돌아보면서 반성하고 있습니다. 우리가 〈동해 바다-후포에서〉와 같은 작품을 감상하는 이유 중의 하나는 신경림 시인이 이런 성찰이 담긴 시를 많이 썼다는 것을 파악하기 위해서가 아니라, 삶에 대한 성찰이 담긴 시를 감상하면서 우리 자신의 삶을 되돌아볼 수 있기 때문입니다. 바다를 보면서 화자가 성찰하는 그 모습을 보면서 다시 내가 성찰하는 것이죠. 삶에 대한 성찰이 담긴 타인이 쓴 시를 감상하면서 우리 자신의 삶을 되돌아볼 수 있기 때문입니다. 이렇게 화자가 경험한 것을 나의 경험과 연결 짓는 것을 내면화라고 합니다. 문학 작품을 감상하면서 등장인물의 모습에 공감하는 경우 또한 일종의 내면화 과정이라고 볼 수 있습니다.

이 내면화 과정을 거치면 다른 사람의 삶이 나와 동떨어진 어떤 것이 아니라 나의 삶과 연결된 아주 가까운 것이 됩니다. 우리는 다른 사람의 삶을 내면화하는 과정에서 나와는 다른 사람의 삶을 마주하고 이해합니다. 이때 마주친 삶은 나의 삶과의 연관을 통해 나의 삶에도 영향을 미치게 됩니다. 결국 내면화 과정은 타자의 모습에서 나를 발견해가는 과정이라고 할 수 있습니다. 그러므로 다른 사람이 쓴 문학 작품을 감상하는 것은 다른 사람의 삶을 이해하는 과정인 동시에 나의 삶을 성찰하는 과정이라고 볼 수 있습니다.

우리는 다른 사람의 성장을 다룬 문학 작품을 감상하면서 나의 삶을 되돌아보고 나의 성장을 꾀하기도 하지만, 내가 경험했던 가치 있는 경험을 문학 작품으로 표현함으로써 다른 사람에게 가치 있는 경험을 전할 수도 있습니다. 곧 나의 삶, 내가 겪었던 가치 있는 경험을 문학 작품으로 외면화하는 것입니다.

산중의 내 집 문 앞에는 큰 시내가 있어, 매양 여름철이 되어 큰비가 지나가면 시냇물이 갑자기 불어서 항상 거기(車騎)와 포고의 소리를 듣게 되어 드디어 귀에 젖어 버렸다.

내가 일찍이 문을 닫고 누워서 소리 종류를 비교해 보니, 깊은 소나무가 퉁소 소리를 내는 것은 듣는 이가 청아한 탓이요, 산이 찢어지고 언덕이 무너지는 듯한 것은 듣는 이가 분노한 탓이요, 뭇 개구리가 다투어 우는 듯한 것은 듣는 이가 교만한 탓이요, 대피리가 수없이 우는 듯한 것은 듣는 이가 노한 탓이요, 천둥과 우레가 급한 듯한 것은 듣는 이가 놀란 탓이요, 찻물이 끓는 듯이 문무가 겸한 듯한 것은 듣는 이가 취미로운 탓이요, 거문고가 궁(宮)과 우(羽)에 맞는 듯한 것은 듣는 이가 의심나는 탓이니, 모두 바르게 듣지 못하고 특히 흉중에 먹은 뜻을 가지고 귀에 들리는 대로 소리를 만든 것이다.

－박지원, 《일야구도하기》에서

연암 박지원이 쓴 《일야구도하기》는 요하라는 강을 하루에 아홉 번 건너면서 성찰했던 내용을 수필로 표현한 작품입니다. 글쓴이는 강을 건너면서 겪었던 체험과 평소 관찰했던 것을 바탕으로 깊은 인생의 진리를 자연스럽게 표현하고 있습니다. 인용 부분은 일상에서 주변 사물을 보면서 느꼈던 것을 설명하고, 다시 그것을 인간의 내면과 연결하면서 주제를 뚜렷하게 드러내고 있습니다. 눈에 보이고 귀에 들리는 것으로 평가하면서 진실을 보지 못한다는 교훈을 주는 작품입니다. 박지원이 자신의 경험을 수필로 표현한 것은 마음속에서 깨달음을 얻은 가치 있는 경험을 밖으로 드러내 외면화한 것이라 볼 수 있습니다.

3. 타자를 이해하고 공동체의 문제에 참여해요

다음은 포리스 카터가 쓴 《내 영혼이 따뜻했던 날들》이라는 작품입니다. 이 작품에서 '이해'라는 말은 우리가 알고 있는 '사리를 분별하여 해석함, 깨달아 앎'이라는 뜻 이외에 다른 뜻을 함축하고 있습니다.

그리고 할머니는 '영혼의 마음'을 튼튼하게 가꾸는 비결은 상대를 이해하는 데 마음을 쓰는 것이라고 가르치지요. 욕심을 버려야 이해를 할 수 있고 사랑을 할 수 있다고 합니다. 이해와 사랑을 체로키는 동격으로 보았습니다. 'I love you' 대신에 'I kin ye'라고 했다고 합니다.

－포리스 카터,《내 영혼이 따뜻했던 날들》에서

여기에서 '체로키'는 북미 대륙의 동부에서 남동쪽에 걸쳐 미시시피강 유역에 사는 '체로키 인디언'을 가리킵니다. 할머니는 손자에게 '영혼의 마음'을 튼튼하게 하기 위해서는 상대를 이해해야 한다고 가르칩니다. 그리고 상대를 이해하기 위해서는 자신의 욕심 곧 자신의 시각을 버려야 하고, 그럴 때 비로소 다른 사람에 대한 이해가 곧 사랑으로 바뀔 수 있다고 가르칩니다.

체로키 인디언 일화는 '문학 작품을 통한 타자의 이해'의 의미를 이해하는 데 도움을 줍니다. 문학 작품의 내용이나 등장인물의 행동을 나의 시각이 아니라 등장인물의 시각에서 이해한다면 문학 작품을 통해 작가가 전달하려고 했던 심미적 경험을 우리도 체험할 수 있을 것입니다. 이것은 문학 작품에 드러난 타자의 삶을 이해하고 타자의 삶에 공감하는 것이며, 우리와 연결된 타자를 사랑하는 것입니다.

> 할아버지와 할머니는 서로 이해하고 계셨다. 그래서 두 분은 서로 사랑하고 계셨다. 할머니는 세월이 흐를수록 이해는 더 깊어진다고 하셨다. 할머니가 보시기에 그것은 유한한 인간이 생각하거나 설명할 수 있는 것들 너머에 있는 어떤 것이었다. 그래서 두 분은 그것을 'kin'이라고 불렀다.
>
> ─포리스 카터, 《내 영혼이 따뜻했던 날들》에서

체로키 인디언들에게 '이해'는 곧 '사랑'입니다. 다른 이를 이해하는 것이 곧 사랑하는 것입니다. 다른 이를 이해하는 것은 그 사람의 말과 행동, 곧 삶을 이해하는 것입니다. 우리는 문학 작품을 읽으면서 타인의 삶을 이해하고 공감할 수 있습니다. 문학을 통한 타자의 이해는 공동체의 문제를 나의 문제로 인식하고 참여하는 태도를 기를 수 있습니다.

진수는 지팡이와 고등어를 각각 한 손에 쥐고, 아버지의 등허리로 가서 슬그머니 업혔다. 만도는 팔뚝을 뒤로 돌리면서, 아들의 하나뿐인 다리를 꼭 안았다. 그리고

"팔로 내 목을 감아야 될 끼다."

했다. 진수는 무척 황송한 듯 한쪽 눈을 찍 감으면서, 고등어와 지팡이를 든 두 팔로 아버지의 굵은 목줄기를 부둥켜안았다. 만도는 아랫배에 힘을 주며, '끙!' 하고 일어났다. 아랫도리가 약간 후들거렸으나 걸어갈 만은 했다. 외나무다리 위로 조심조심 발을 내디디며 만도는 속으로, 이제 새파랗게 젊은 놈이 벌써 이게 무슨 꼴이고. 세상들 잘못 만나서 진수 니 신세도 참 똥이다, 똥. 이런 소리를 주워섬겼고, 아버지의 등에 업힌 진수는 곧장 미안스러운 얼굴을 하며, "나꺼정 이렇게 되다니, 아부지도 참 복도 더럽게 없지, 차라리 내가 죽어버렸더라면 나았을 낀데……."하고 중얼거렸다.

만도는 아직 술기가 약간 있었으나, 용케 몸을 가누며 아들을 업고 외나무다리를 조심조심 건너가는 것이었다. 눈앞에 우뚝 솟은 용머리재가 이 광경을 가만히 내려다보고 있었다.

-하근찬, 《수난이대》에서

하근찬의 《수난이대》는 우리 민족이 겪은 현대사를 관통하는 굵직한 사건들을 다룬 작품입니다. 일제 징용 때 팔 한 짝을 잃은 아버지와 6.25 전쟁 때 다리 한 짝을 잃은 아들이 함께 힘을 모아 개울을 건너는 장면으로 소설은 마무리되고 있습니다. 여기에서 다친 팔과 다리는 일제 징용과 6.25 전쟁이라는 역사적 사건으로 인해 불구가 되어 버린 우리 민족을 상징한다고 볼 수 있습니다. 이처럼 문학 작품은 등장인물의 모습과 행동을 통해 공동체가 겪은 비극을 담담히 진술하고 있습니다. 독자는 이 장면을 보면서 그 어떤 설명보다도 더 절절하게 우리 민족이 겪었던 비극, 곧 공동체가 겪었던 슬픔을 느끼고, 일제의 침략과 분단 문제에 관해 관심을 가질 수 있습니다.

창밖을 내다보던 영신은 다시금 콧마루가 시큰해졌다. 예배당을 에두른 야트막한 담에는 쫓겨 나간 아이들이 머리만 내밀고 쭉 매달려서 담 안을 넘겨다보고 있지 않은가. 고목이 된 뽕나무 가지에 닥지닥지 열린 것은 틀림없는 사람의 열매다. 그중에도 키가 작은 계집애들은 나무에도 기어오르지를 못하고 땅바닥에 가 주저앉아서 훌쩍거리고 울기만 한다. 영신은 창문을 말끔 열어젖혔다. 그리고 청년들과 함께 칠판을 떼어 담 밖에서도 볼 수 있는 창 앞턱에다가 버티어 놓고 아래와 같이 커다랗게 썼다.

"누구든지 학교로 오너라."

"배우고야 무슨 일이든지 한다."

나무에 오르고 담장에 매달린 아이들은 일제히 입을 열어 목구멍이

찢어지라고 그 독본의 구절을 바라다보고 읽는다. 바락바락 지르는

그 소리는 글을 외는 것이 아니라 어찌 들으면 누구에게 발악하는 것

같다.

- 심훈의 《상록수》에서

《상록수》는 1935년에 심훈이 쓴 장편소설로 당시 활발히 전개되던 브나

로드 운동(농촌계몽운동)을 그린 작품입니다. 우리 민족이 나라를 잃은 것은

무지했기 때문이라는 자각하에, 배움이 가장 적었던 농촌의 계몽을 위해 헌

신하는 청년의 삶을 다룬 작품입니다. 이처럼 《상록수》는 당시 우리 민족

공동체에 필요한 '계몽(어리석음을 깨우침)'에 대해 서술하였고, 많은 청년이

읽고 농촌계몽운동의 필요성에 공감할 수 있는 계기를 마련해주었습니다.

그렇지만 이런 역사적 사건들을 다룬 문학 작품을 읽고 현대의 독자들은

새로운 사실을 알게 되거나 공동체의 슬픈 역사에 대해 공감하기도 하지만

직접적인 느낌을 받기는 어려울 수도 있습니다.

사실 그는 온몸이 아팠지만, 점점 아픈 것이 가라앉고 결국 머잖아

그 통증이 완전히 사라질 것 같았다. 등에 박힌 썩은 사과도, 얇게 먼

지가 덮인 그 주의의 염증도 느끼지 못한 지 벌써 오래되었다. 말할

수 없는 동정과 애정을 느끼며 그는 가족들을 돌이켜 생각해보았다.

자신이 없어져야 한다는 그의 생각은 누이동생의 생각보다 훨씬 더

단호했다. 교회의 탑시계가 새벽 3시를 알릴 때까지 그는 내내 이런 허전하고 평화로운 명상에 잠겨 있었다. 그는 창밖의 세상이 환해지는 것을 느꼈다. 그러자 그의 머리가 그도 모르게 밑으로 푹 수그러졌다. 그리고 그의 콧구멍에서는 마지막 숨이 가늘게 흘러나왔다.

— 프란츠 카프카, 《변신》에서

카프카의 《변신》에서 벌레가 된 나는 가족과 지인들이 자신을 혐오하는 것을 보면서 자신이 살아왔던 삶을 되돌아봅니다. 그동안 자신은 삶을 희생하여 가족을 위해 헌신했는데 가족은 나의 흉물스러운 모습을 보고 내가 사라지기를 바랍니다. 이에 나는 소외감을 느끼면서도 가족을 위해 자기가 먼저 사라질 생각을 하게 됩니다.

이 소설에서 우리는 많은 현대인이 겪고 있는 인간 소외와 마주합니다. 물론 사람이 벌레가 된다는 극단적인 설정을 배경으로 서술되어 있지만, 우리는 이 작품을 통해 평생 가족을 위해 헌신하던 사람이 병들거나 어려움에 처했을 때 가족으로부터 버림받거나 소외되는 현실을 발견합니다. 이런 문학적 체험을 통해 우리는 카프카가 《변신》을 통해 말하고자 했던 인간 소외에 공감하고, 이런 인간 소외를 극복할 방법에 대해 고민하게 됩니다. 이런 것들이 바로 문학을 통한 타인에 대한 이해이며 공동체의 문제를 나의 문제로 인식하는 태도라고 볼 수 있습니다.

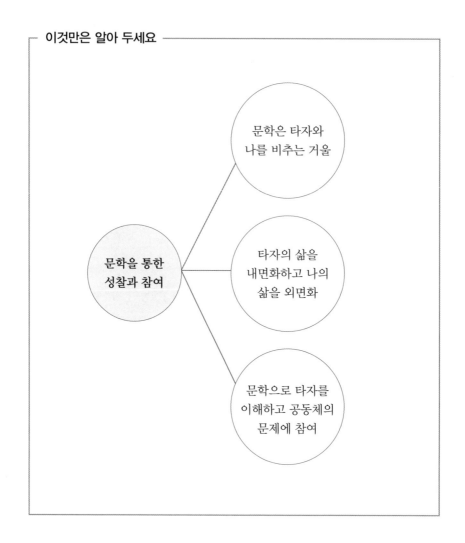

문학은 타자와
나를 비추는 거울

문학을 통한
성찰과 참여

타자의 삶을
내면화하고 나의
삶을 외면화

문학으로 타자를
이해하고 공동체의
문제에 참여

풀어 볼까? 문제!

1. 문학으로 성찰하고 참여하는 방법에 대한 진술입니다. ( )에 알맞은 말을 써 보세요.

> (1) 문학은 타자와 나를 비추는 (   )이에요.
>
> (2) 타자의 삶을 (   )하고, 나의 삶을 외면화해요.
>
> (3) 문학으로 타자를 (   )하고 (   )의 문제에 참여해요.

2. 다음은 문학과 타자의 문제를 다루고 있는 글의 일부입니다. ( )에 들어갈 말을 써봅시다.

> 체로키 인디언들에게 '이해'는 곧 '(㉠)'입니다. 다른 이를 이해하는 것이 곧 사랑하는 것입니다. 다른 이를 이해하는 것은 그 사람의 말과 행동, 곧 삶을 (㉡)하는 것입니다. 우리는 문학 작품을 읽으면서 타인의 삶을 이해하고 공감할 수 있습니다. 문학을 통한 타자의 이해는 공동체의 문제를 나의 문제로 인식하고 (㉢)하는 태도를 길러줄 수 있습니다.

㉠ _____   ㉡ _____   ㉢ _____

정답

1. (1) 거울, (2) 내면화, (3) 이해, 공동체

2. ㉠-사랑, ㉡-이해, ㉢-참여

한 번만 읽으면 확 잡히는
중학 국어 문학

2023년 2월 20일 1판 1쇄 펴냄

지은이 정형근
펴낸이 김철종

펴낸곳 (주)한언
등록번호 1983년 9월 30일 제1-128호
주소 서울시 종로구 삼일대로 453(경운동) 2층
전화번호 02)701-6911 **팩스번호** 02)701-4449
전자우편 haneon@haneon.com

ISBN 978-89-5596-983-2 (53700)

만든 사람들
기획 · 총괄 | 손성문
편집 | 배혜진
디자인 | 박주란
본문 일러스트 | 이현지

한언의 사명선언문

Since 3rd day of January, 1998

Our Mission   – 우리는 새로운 지식을 창출, 전파하여 전 인류가 이를 공유케 함으로써 인류 문화의 발전과 행복에 이바지한다.

                   – 우리는 끊임없이 학습하는 조직으로서 자신과 조직의 발전을 위해 쉼 없이 노력하며, 궁극적으로는 세계적 콘텐츠 그룹을 지향한다.

                   – 우리는 정신적·물질적으로 최고 수준의 복지를 실현하기 위해 노력하며, 명실공히 초일류 사원들의 집합체로서 부끄럼 없이 행동한다.

Our Vision   한언은 콘텐츠 기업의 선도적 성공 모델이 된다.

> 저희 한언인들은 위와 같은 사명을 항상 가슴속에 간직하고
> 좋은 책을 만들기 위해 최선을 다하고 있습니다.
> 독자 여러분의 아낌없는 충고와 격려를 부탁드립니다.
> • 한언 가족 •

HanEon's Mission statement

Our Mission   – We create and broadcast new knowledge for the advancement and happiness of the whole human race.

                   – We do our best to improve ourselves and the organization, with the ultimate goal of striving to be the best content group in the world.

                   – We try to realize the highest quality of welfare system in both mental and physical ways and we behave in a manner that reflects our mission as proud members of HanEon Community.

Our Vision   HanEon will be the leading Success Model of the content group.